Voll verboten!? Schimpfwort-Gitterrätsel

Im Buchstabengitter haben sich zehn voll verbotene Schimpfwörter versteckt. Finde sie, und kringle sie ein.

P	U	P	S	G	E	S	I	C	H	T	R	I	S	W
U	W	O	S	A	S	D	N	O	J	I	K	W	Y	L
Ä	X	P	B	M	S	T	I	N	K	F	U	R	Z	N
D	G	E	S	Q	J	W	L	N	Ü	A	G	U	K	V
U	R	L	X	E	H	A	H	R	W	M	W	N	J	R
M	T	N	B	M	E	C	K	E	R	Z	I	E	G	E
M	W	A	R	S	A	N	T	H	T	D	M	X	O	F
D	H	S	T	D	O	O	F	K	A	N	O	N	E	S
A	K	E	H	C	J	K	D	N	Ü	O	G	T	S	A
C	K	N	A	L	L	T	Ü	T	E	Ö	U	K	R	H
H	O	B	F	Z	W	E	Ä	S	Z	D	Ö	U	W	Y
S	S	Ä	G	S	C	H	L	E	I	M	P	I	L	Z
Ü	Z	R	D	J	R	R	H	C	B	K	D	A	N	R
Q	Ö	B	A	F	F	E	N	P	O	P	O	M	Ä	R
N	P	E	R	Ü	C	K	E	N	S	C	H	A	F	W

Quizfrage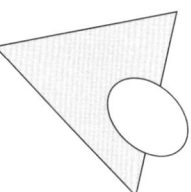

Was entsteht, wenn aus einem
Dreieck ein Ei herausfällt?

Lösung: Dreck

P	U	P	S	G	E	S	I	C	H	T	R	I	S	W
U	W	O	S	A	S	D	N	O	J	I	K	W	Y	L
Ä	X	P	B	M	S	T	I	N	K	F	U	R	Z	N
D	G	E	S	Q	J	W	L	N	Ü	A	G	U	K	V
U	R	L	X	E	H	A	H	R	W	M	W	N	J	R
M	T	N	B	M	E	C	K	E	R	Z	I	E	G	E
M	W	A	R	S	A	N	T	H	T	D	M	X	O	F
D	H	S	T	D	O	O	F	K	A	N	O	N	E	S
A	K	E	H	C	J	K	D	N	Ü	O	G	T	S	A
C	K	N	A	L	L	T	Ü	T	E	Ö	U	K	R	H
H	O	B	F	Z	W	E	Ä	S	Z	D	Ö	U	W	Y
S	S	Ä	G	S	C	H	L	E	I	M	P	I	L	Z
Ü	Z	R	D	J	R	R	H	C	B	K	D	A	N	R
Q	Ö	B	A	F	F	E	N	P	O	P	O	M	Ä	R
N	P	E	R	Ü	C	K	E	N	S	C	H	A	F	W

Hast du Lust, noch mehr Schimpfwörter zu erfinden? Verbinde passende Wortteile miteinander. Viel Spaß, du Pupskanone!

Pups	Gesicht
Stink	Furz
Mecker	Ziege
Doof	Kanone
Knall	Tüte
Schleim	Pilz
Affen	Popo
Perücken	Schaf
Dumm	Dachs
Popel	Nasenbär

2

Voll verboten!? Schimpfwort-Galerie

Suche dir deine drei Lieblingsschimpfwörter von Seite 2 heraus, und male sie in die Bilderrahmen.

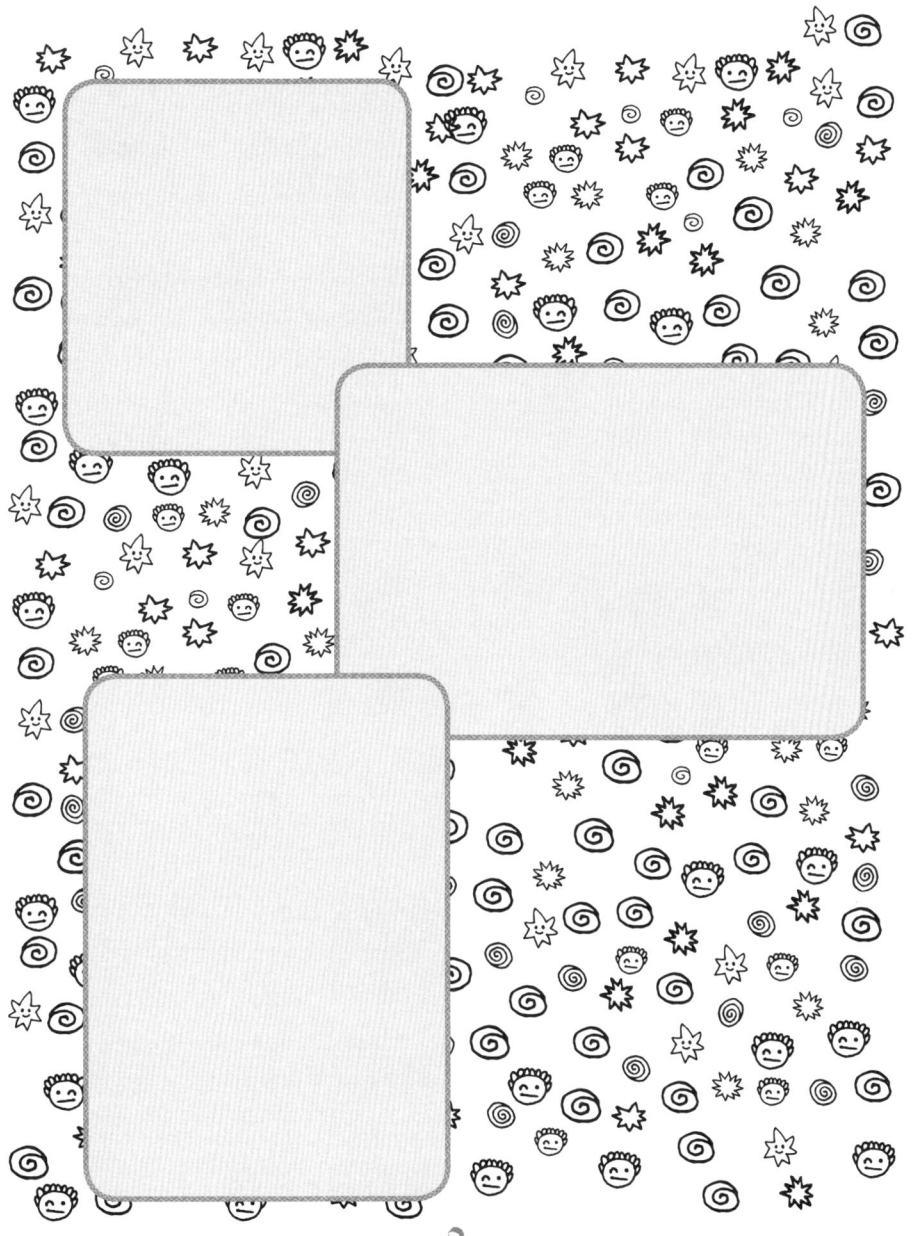

Kennst du XXO?

XXO heißt auch „Kreuz und Kreis", „Drei gewinnt" oder „Tic-Tac-Toe". Du brauchst einen Mitspieler. Einer von euch malt Kreise, der andere Kreuze – immer abwechselnd. Wer zuerst drei Zeichen in eine Reihe setzen kann, hat gewonnen. Vorsicht: Außer waage-recht und senkrecht gilt auch diagonal!

Oben hat der Spieler mit den Kreuzen gewonnen. Auf der nächsten Seite sowie auf den Seiten 30, 63, 71, 108 und 151 findest du XXO-Vorlagen zum Spielen. Wer bei XXO beginnen darf, könnt ihr mit einem Abzählreim herausfinden. Kennst du lustige Abzähl-reime? Hier ein einfaches Beispiel:

Lala, lulu, lima,

prima Ballerina,

eke, keke, meck,

und du bist weg.

Auf Seite 77 findest du noch andere Abzählreime!

XXO - und los gehts!?

Verdrehte Welt

Hier hat jemand die Buchstaben der Wörter wild durcheinandergewirbelt. Erkennst du die Wörter trotzdem? Sie haben alle mit Sommerurlaub zu tun! Der erste und der letzte Buchstabe stimmen.

Wlleen   W _ _ _ _ n

Stnard   S _ _ _ _ d

Baedtcuh   B _ _ _ _ _ _ h

Snnoe   S _ _ _ e

Snnnuheot   S _ _ _ _ _ _ _ t

Eismrece   E _ _ _ _ _ _ e

Dleifn   D _ _ _ _ n

Sglooeebt   S _ _ _ _ _ _ _ t

Kennst du dich aus?
Hand, foot or nose ...

Hand, Fuß, Nase, Mund und Ohren ... Bestimmt kannst du
alle Teile deines Körpers benennen! Aber kennst du sie auch
auf Englisch? Vervollständige die englischen Wörter.

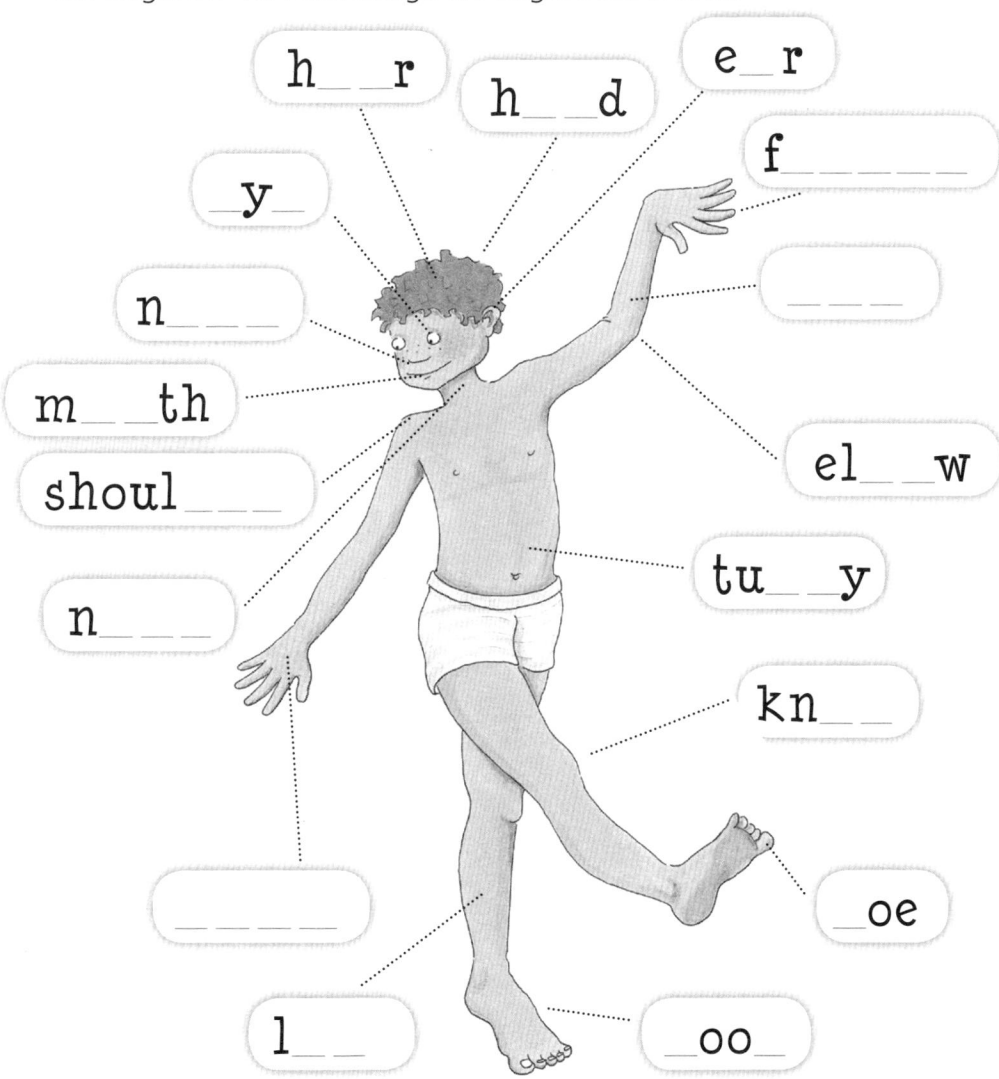

h _ _ r

h _ _ d

e _ r

f _ _ _ _ _ _

_ y _

n _ _ _ _

m _ _ th

shoul _ _ _

n _ _ _ _

_ _ _ _

el _ _ w

tu _ _ y

kn _ _ _

_ _ _ _ _ _

l _ _

_ oe

_ oo _

Die Lösung findest du auf Seite 8!

7

hair

head

ear

eye

finger

nose

arm

mouth

shoulder

elbow

neck

tummy

knee

hand

toe

leg

foot

Entspannen & ausmalen

Male das Motiv nach Lust und Laune aus!

Schweinchen voller Geld

Wie viel Geld ist in den Sparschweinen? Zähle die Scheine und Münzen zusammen, und schreibe die Geldbeträge auf.

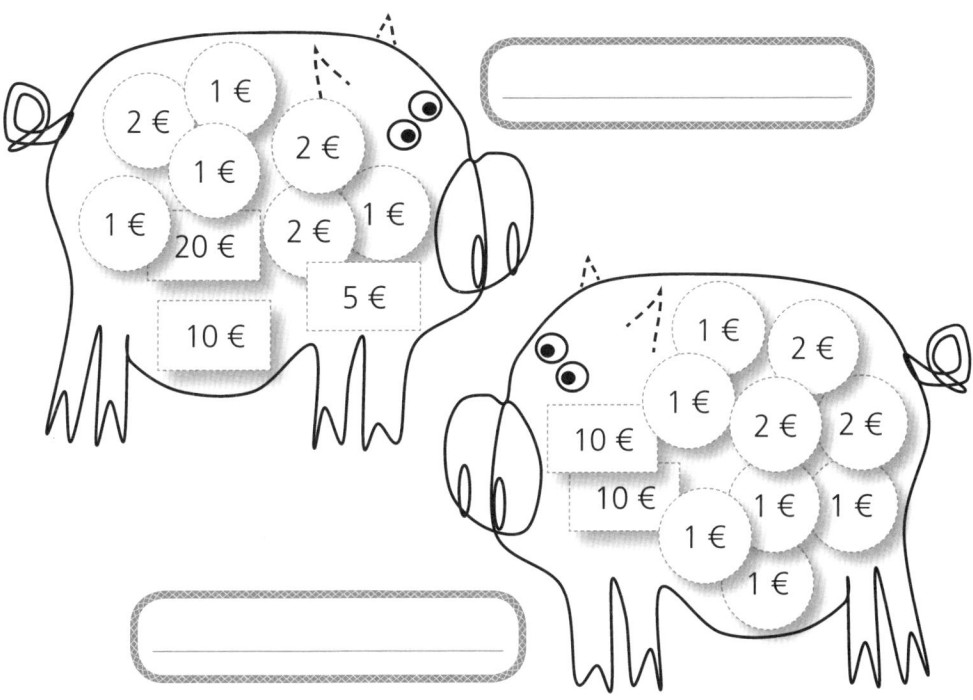

Jetzt wird ein Sparschweinchen geschlachtet! Was kaufst du dir?

Ich kaufe
mir ...

Wörter-Irrgarten

Findest du den Weg von einer Seite zur anderen durch den
Wörter-Irrgarten? Der Buchstabe **n** in den schmalen Spalten
kommt jeweils zwischen zwei Wörter, wenn du von einer Spalte zur
nächsten springst. Tipp: Manchmal musst du gar nicht springen.
Du kannst auch Wörter zusammensetzen, die untereinander oder
nebeneinander stehen.

Start				
Sonne	Affe	Licht	Nebel	Nacht
Fisch	Creme	Kamel	Pferd	Regen
Tomate	Torte	Sieb	Platz	Zimmer
Mehl	Zwerg	Schlacht	Luft	Dreieck
Mond	Heft	Ruf	Nummer	Fliege
Vogel	Klammer	Rollo	Zoo	Schild

Ziel

Voll verboten!? Ein summender Brief

Lust auf einen witzigen Streich? Du brauchst einen Briefumschlag, ein Stück feste Pappe, die in den Umschlag passt, eine Schere, eine kleine Unterlegscheibe und zwei Haushaltsgummiringe!

1. Lass dir am besten von einem Erwachsenen helfen. Schneide zuerst ein Loch in die Mitte der Pappe. Das Loch muss etwas größer sein als die Unterlegscheibe. Schneide zwei U-förmige Laschen in die Pappe – genau wie in der Zeichnung.

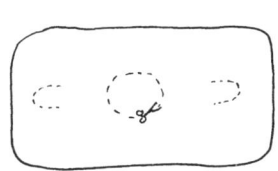

2. Befestige die Gummiringe mit je einer Schlaufe an der Unterlegscheibe.

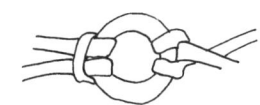

3. Spanne die Gummiringe zwischen die beiden Laschen. Die Unterlegscheibe ist nun in der Mitte.

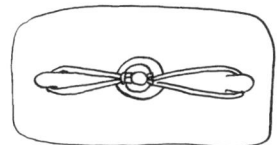

4. Dann drehst du die Unterlegscheibe, so oft du kannst, in eine Richtung, bis die Gummiringe so richtig „verzwirbelt" sind!

5. Halte die Unterlegscheibe gut fest, wenn du die Pappe in den Umschlag steckst und den Brief einem Freund übergibst.

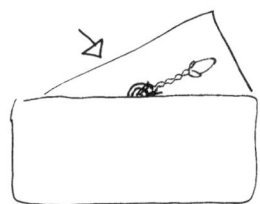

6. Sobald er den Brief nimmt, „entzwirbeln" sich die Gummiringe … und das klingt wie Bienensummen!

Verschlüsselte Aufgaben

Kannst du verschlüsselte Botschaften lesen? Statt Ziffern haben sich hier verschiedene Zeichen in die Rechenaufgaben geschlichen. Welche Zeichen stehen für welche Ziffern?

🌀 + 🌀 = 👑

🌀👑 : 👑 = 👑

🌀👑 : 🌀 = ⭐❤️

⭐⭐ + ⭐⭐ = ❤️❤️

👑 + 👑 = ⭐❤️

🌀🌀 : ⭐⭐ = 🌀

🌀 steht für die Ziffer **3**.   👑 steht für die Ziffer …

⭐ steht für die Ziffer …   ❤️ steht für die Ziffer …

DIY-Konfetti

Du möchtest lustig-buntes Konfetti für deine nächste Party?
Das kannst du ganz einfach selbst machen! Male diese Seite und
die Rückseite kunterbunt an. Dann nimm einen Locher, und stanze
so viele Löcher in das bemalte Papier, wie du willst.
Du kannst auch diesen Text lochen und bekommst Konfetti
mit winzigen Worthäppchen und abgehackten Buchstaben.

Do it yourself
oder abgekürzt
DIY ist Englisch
und heißt: Mach
es selbst!

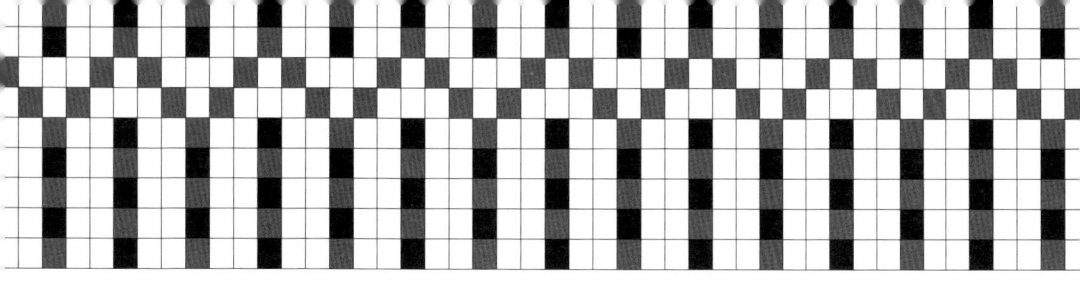

DIY-Konfetti (Rückseite)

Auch gelochte Muster oder Linien geben tolles Konfetti ab.
Probiere einfach aus, was dir gefällt. Den Rest der Seite kannst du
wie die Vorderseite kunterbunt anmalen. Viel Spaß!

Lösung von Seite 12:

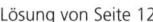

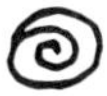 steht für die Ziffer **3**.

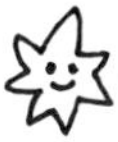 steht für die Ziffer **1**.

 steht für die Ziffer **6**.

 steht für die Ziffer **2**.

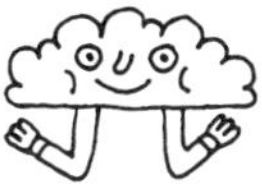

3 + 3 = 6   36 : 6 = 6   36 : 3 = 12   11 + 11 = 22   6 + 6 = 12   33 : 11 = 3

Wörterblume

Welche Wörter haben sich in der Blume versteckt?
Ergänze jeweils den Buchstaben in der Mitte!

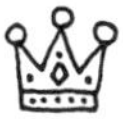

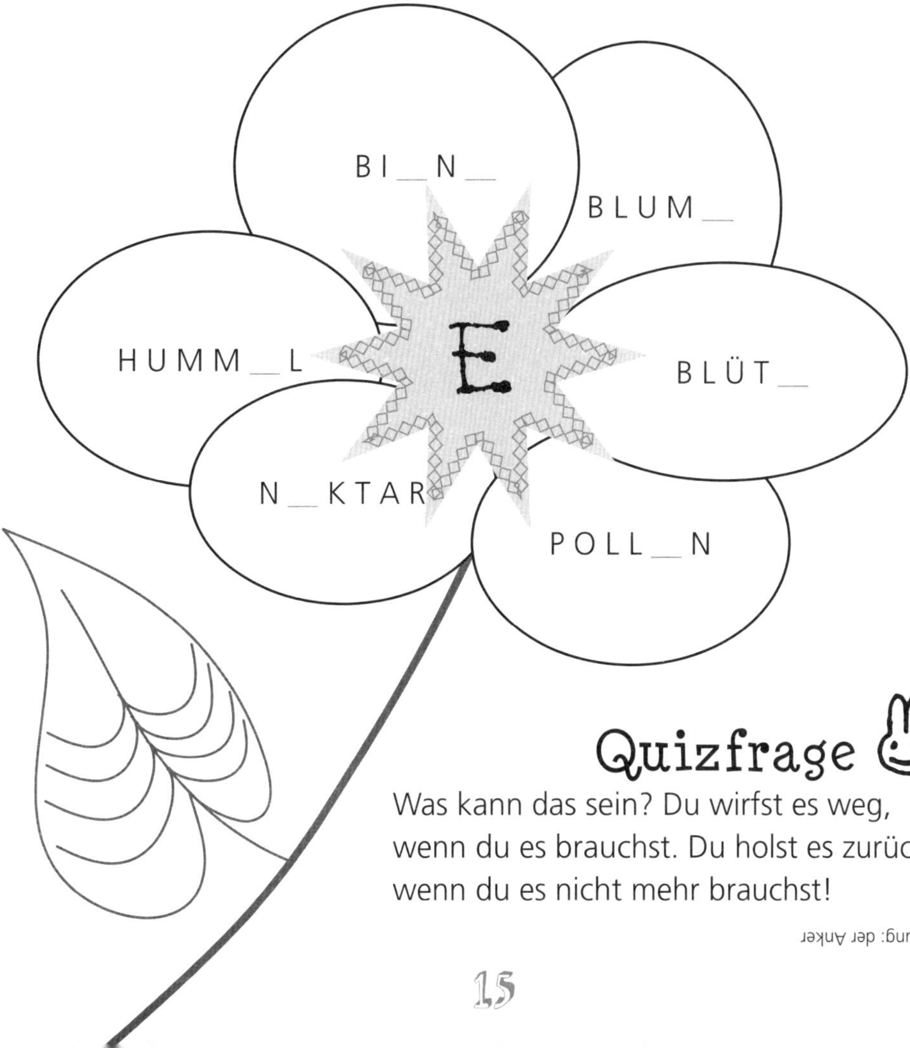
BI__N__
BLUM__
HUMM__L
E
BLÜT__
N__KTAR
POLL__N

Quizfrage

Was kann das sein? Du wirfst es weg, wenn du es brauchst. Du holst es zurück, wenn du es nicht mehr brauchst!

Lösung: der Anker

Selbst gezeichnet? Na, klar doch!

Kannst du einen Tannenbaum und ein Haus zeichnen? Bestimmt.
Dann probiere mal, den Stift dabei nicht abzusetzen und alles
mit einer einzigen Linie zu zeichnen. Gar nicht so einfach!
Hier kannst du zur Übung die vorgezeichnete Linie nachfahren.
Auf der nächsten Seite bist du der Künstler!

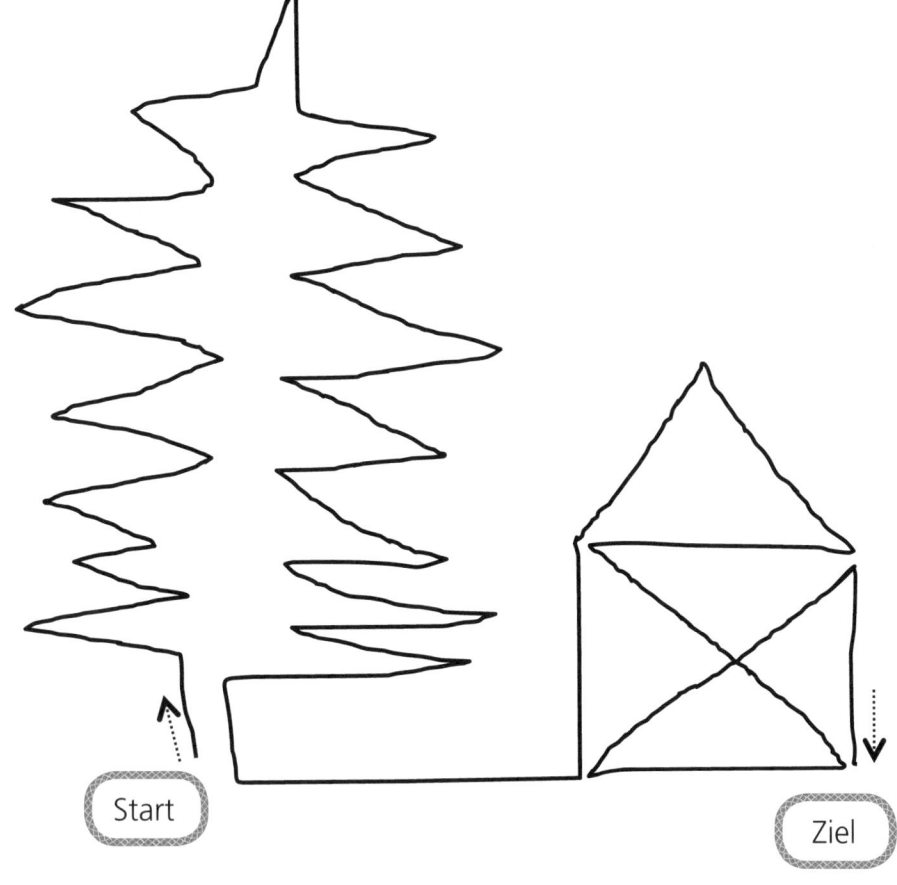

Start

Ziel

Alles aus einem Strich!

Los gehts …

Knifflige Rechenmauer

In den Rechenmauern fehlen ein paar Zahlen auf den Steinen.
Findest du sie heraus? Tipp: Du musst addieren und subtrahieren!

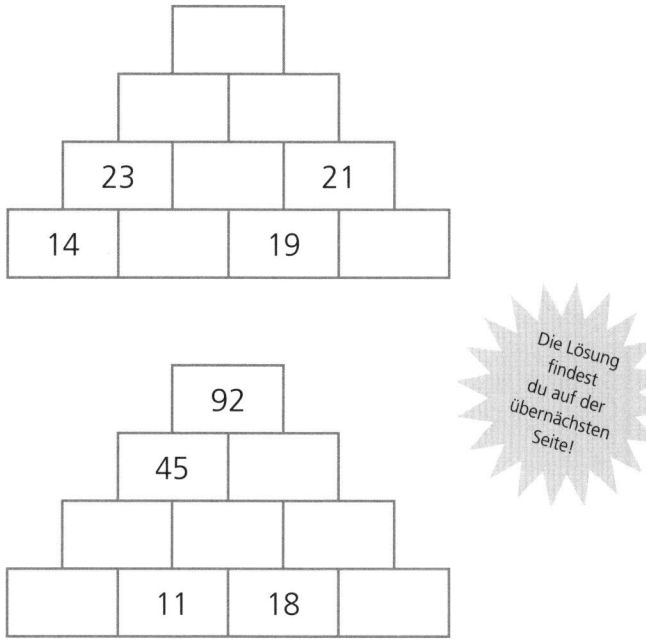

Die Lösung findest du auf der übernächsten Seite!

Denksport: Kopfgeometrie

Stelle dir ein Quadrat vor: Falte die obere linke Ecke
zur unteren rechten Ecke. Welche Figur entsteht?

Blitzschnell vom Blitz getroffen!

Ein Blitz schlägt immer in den höchsten Punkt ein.
Zeichne, so schnell du kannst und ohne abzusetzen
mit einem Stift Blitze aus der Wolke, und versuche,
die Spitzen zu treffen!

Lösung von Seite 18:

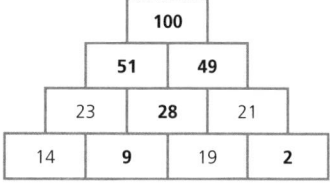

	100		
	51	49	
23	28	21	
14	9	19	2

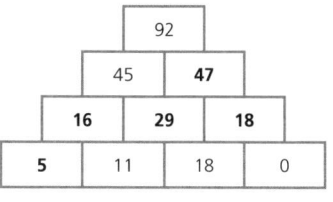

	92		
	45	47	
16	29	18	
5	11	18	0

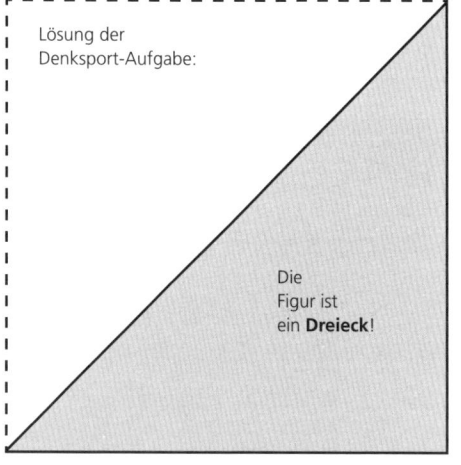

Lösung der
Denksport-Aufgabe:

Die
Figur ist
ein **Dreieck**!

Wildes Schlangenmuster

Viele Schlangen tragen auffällige Muster auf ihrer Haut.
Zeichne der Schlange ein topmodisches Schlangenmuster!

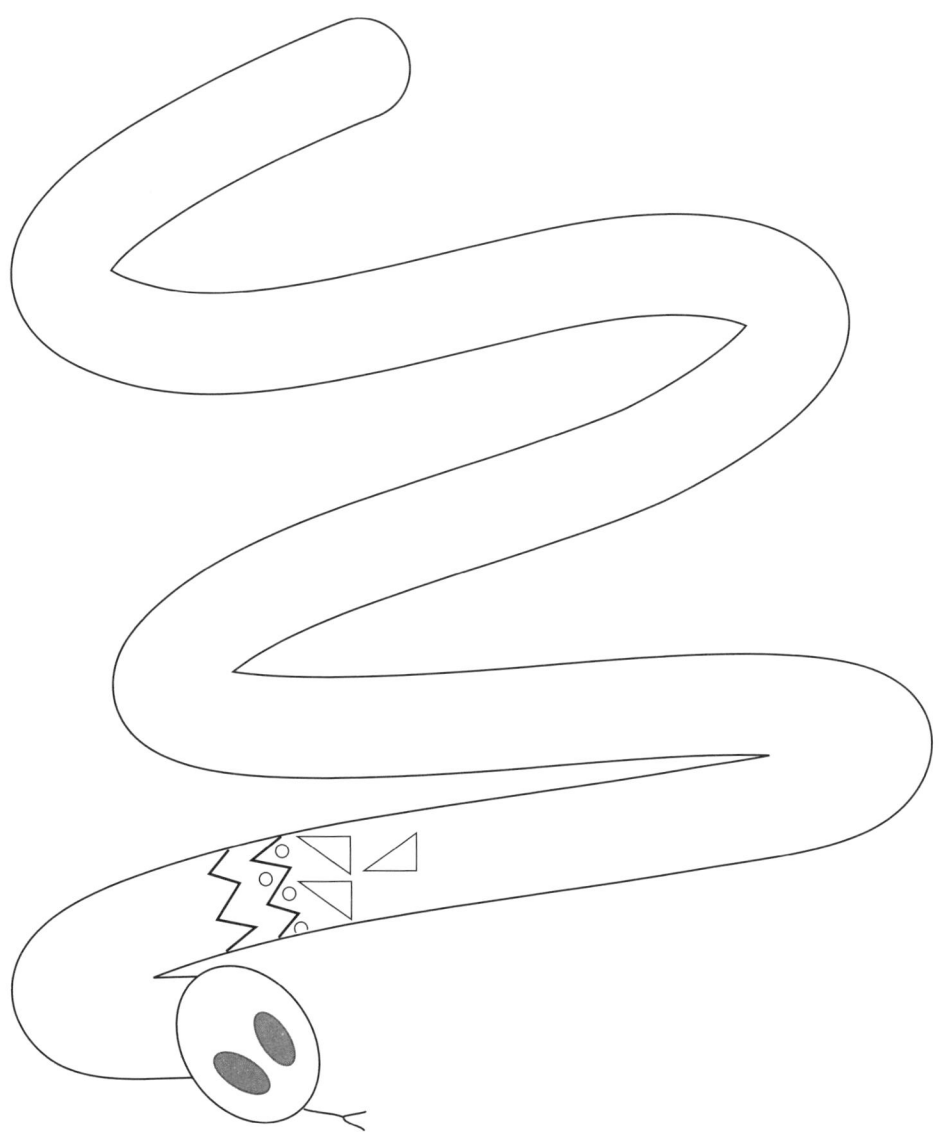

Denksport – Matherätsel

Im folgenden Matherätsel sind zwei Zahlen gesucht.
Sie sind größer als 35, aber kleiner als 47. Sie sind gerade Zahlen.
Ein Nachbar heißt 45. Welche Zahlen sind es?

Lösung: Die gesuchten Zahlen sind 44 und 46.

Hunderterfeld

Welche Zahlen im Hunderterfeld werden von
den grauen Sternchen verdeckt?

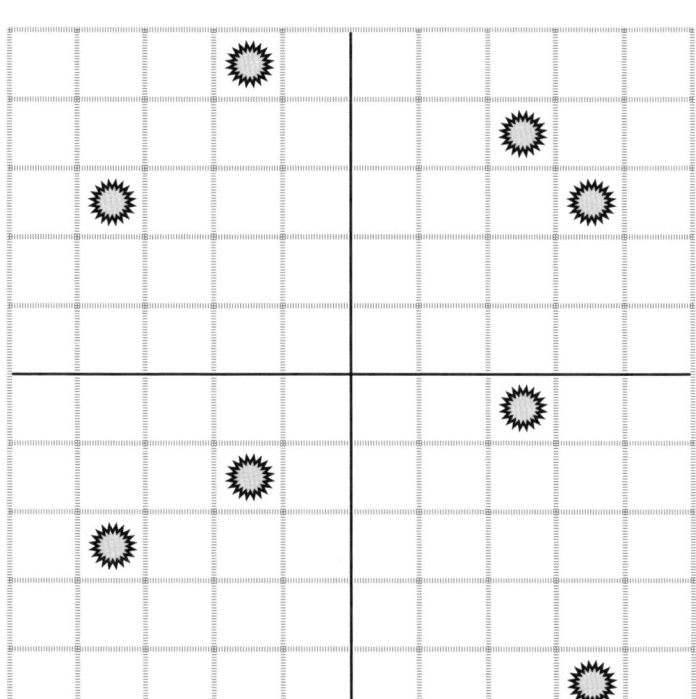

Lösung: 4, 18, 22, 29, 58, 64, 72 und 99

Galgenmännchen

Suche dir einen Mitspieler. Jeder von euch denkt sich ein Wort
mit mindestens fünf Buchstaben aus. Die Anzahl der Buchstaben
wird durch Unterstriche angezeigt. Nun versucht ihr abwechselnd,
Buchstaben zu erraten. Bei jedem falsch geratenen Buchstaben
wird Schritt für Schritt der Galgen vorbereitet:

Zuerst kommt die Bodenplatte (1) auf den Hügel, dann folgt
der senkrechte Balken (2), dann der waagerechte (3) …
Wer bei sechs falsch getippten Buchstaben das Lösungswort
nicht errät, hat verloren, und der Gewinner kann das Galgenmännchen (6) zeichnen.

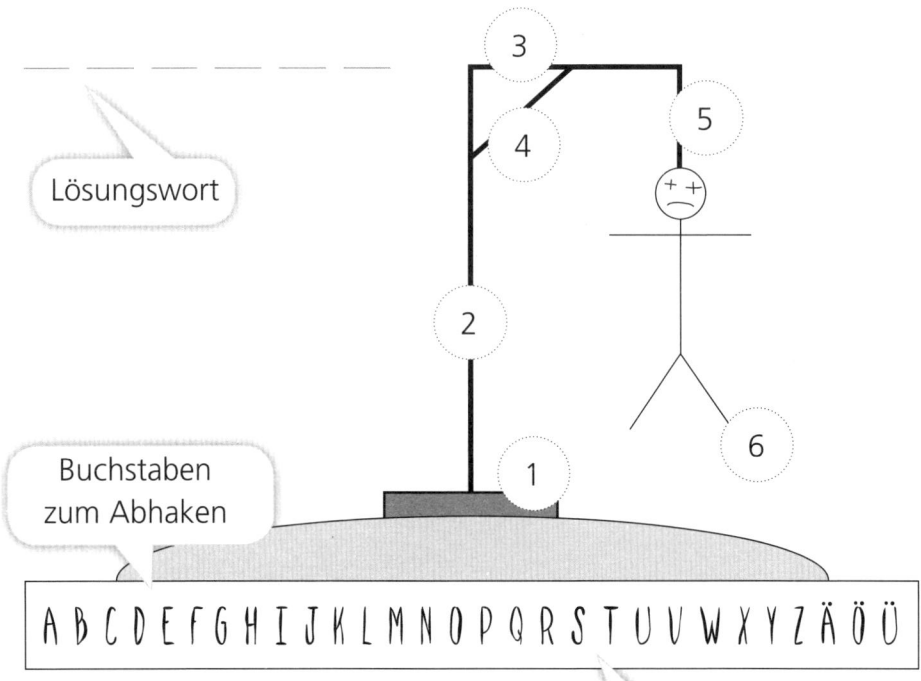

Lösungswort

Buchstaben
zum Abhaken

A B C D E F G H I J K L M N O P Q R S T U V W X Y Z Ä Ö Ü

Merke: ß = ss

Galgenmännchen

Wer das Lösungswort errät, bewahrt das Männchen vor dem
Galgen! Hier und auf den Seiten 110 und 157 sind ein paar
Vorlagen für eure Galgenmännchen:

A B C D E F G H I J K L M N O P Q R S T U V W X Y Z Ä Ö Ü

A B C D E F G H I J K L M N O P Q R S T U V W X Y Z Ä Ö Ü

Geschichten spinnen – Wort für Wort

Suche dir einen oder mehrere Mitspieler. Einer fängt an und gibt das erste Wort der Geschichte vor, dein Mitspieler nennt das zweite Wort, der nächste das dritte Wort. Die Wörter werden immer wiederholt, und die Geschichte wird länger und länger …

Hier ein Beispiel:

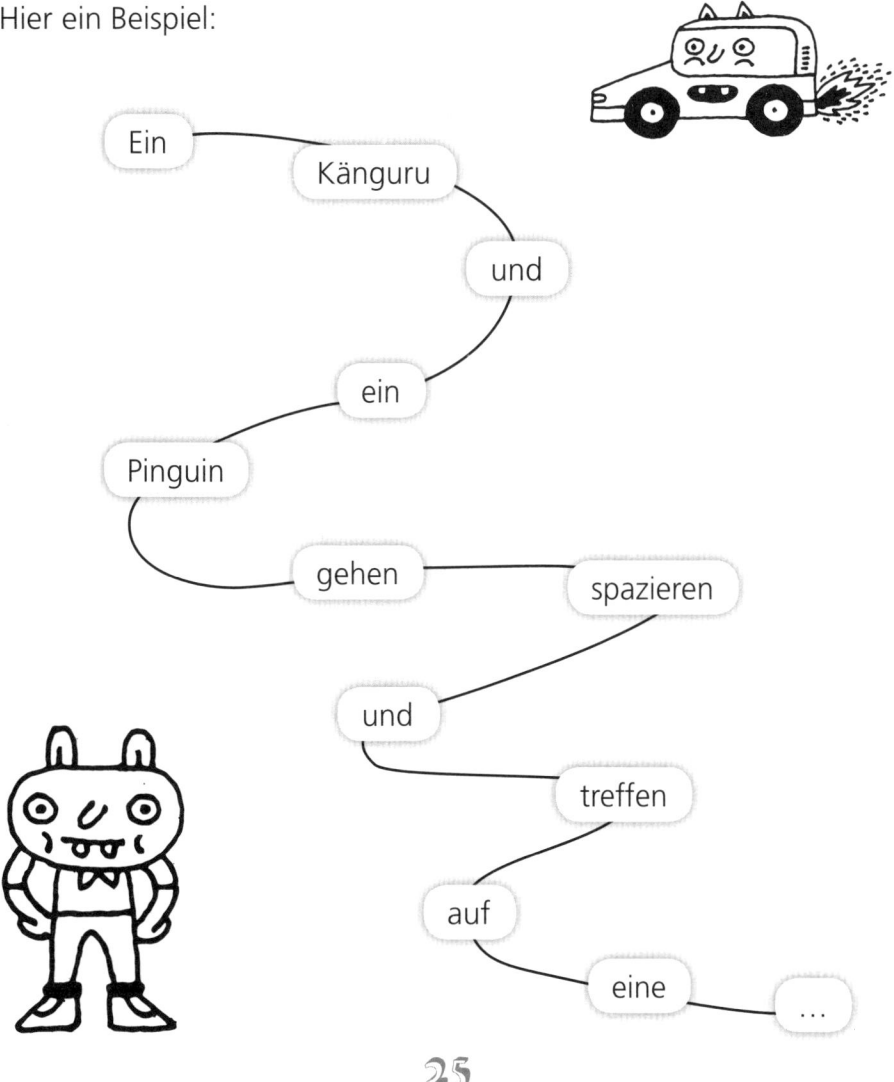

Ein Känguru und ein Pinguin gehen spazieren und treffen auf eine …

Voll verboten!? Leckere Pralinen

Dieser Streich ist für jemanden, der dir immer
deine Süßigkeiten wegnascht! Du brauchst dafür
flüssige Schokoladenglasur und Radieschen.
So gehts: Wasche die Radieschen. Danach tauchst du
die Radieschen in die Schokoladenglasur. Lasse sie anschließend
auf einem Bogen Backpapier trocknen.
Fertig sind sie – deine Spezialpralinen.

Was passt hier nicht?

In jeder Reihe hat sich etwas eingeschlichen, das nicht passt.
Finde das Wort und kreise es ein.

süß – sauer – salzig – dünn – bitter

Radieschen – Möhre – Zuckerrübe – Kürbis – Kartoffel

Pinguin – Meise – Specht – Kohlmeise – Storch

Ostsee – Nordsee – Bodensee – Atlantik – Pazifik

Ein Urlaub voller B

Endlich Ferien! Fahrt ihr zum **B**aden nach **B**ulgarien, oder macht ihr eine **B**ootstour auf dem **B**odensee? Schreibe alles zum Thema Urlaub auf. Es muss allerdings mit dem Buchstaben **B** anfangen!

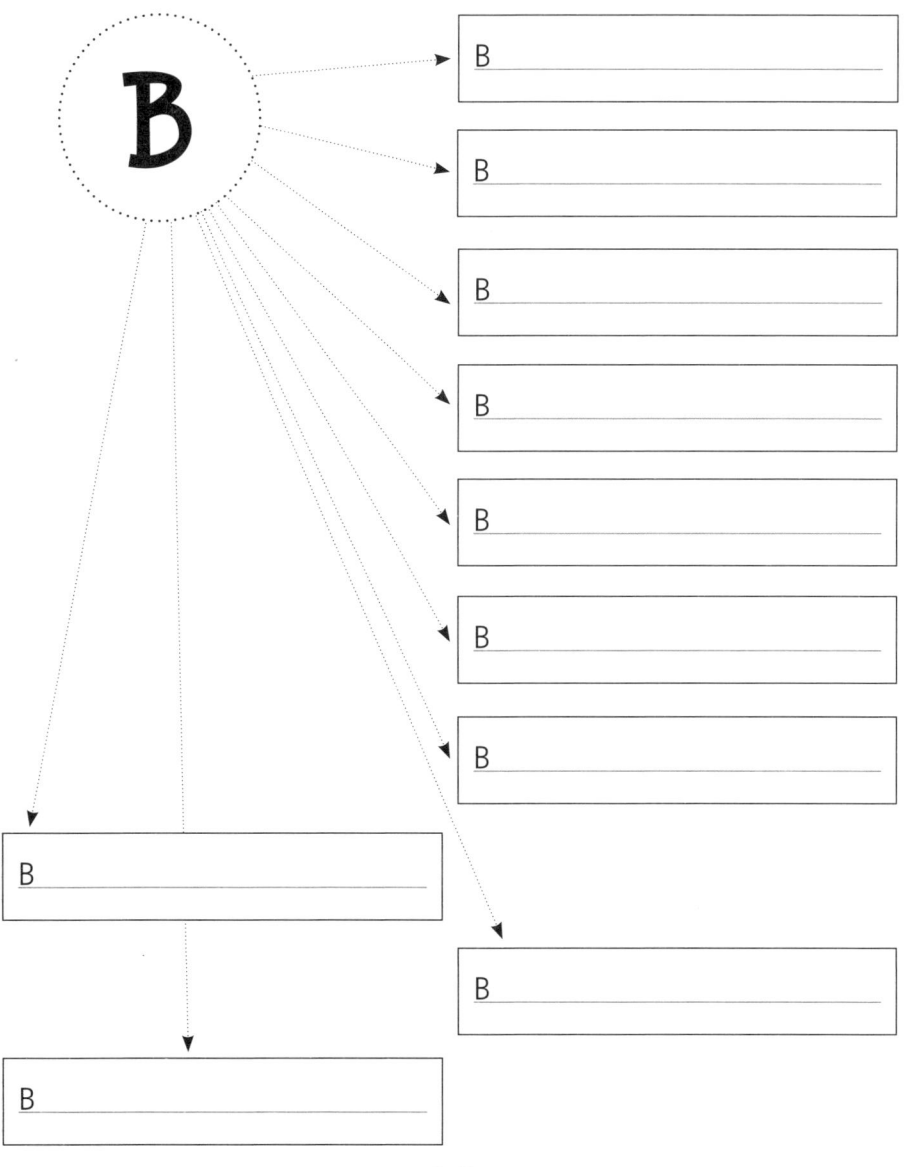

Voll verboten!?

Was du schon immer mal machen wolltest,
aber nicht machen durftest! Finde
voll verbotene Dinge, die mit den
folgenden Buchstaben anfangen:

A _____

R _____

S _____

C _____

H _____

B _____

O _____

M _____

B _____

E _____

Voll verboten!?

Wie sieht deine voll verbotene Arschbombe aus?
Und welches Gesicht machen dabei deine Eltern?

XXO – und los geht's?

Rechnen & Malen

Rechenkönig gesucht! Rechne die Aufgaben aus, und male
die Felder mit den Ergebniszahlen im Bild bunt an.

94 – 47 = _____   73 – 37 = _____   67 – 49 = _____

65 – 19 = _____   88 – 66 = _____   96 – 68 = _____

100 – 26 = _____   52 – 29 = _____   76 – 35 = _____

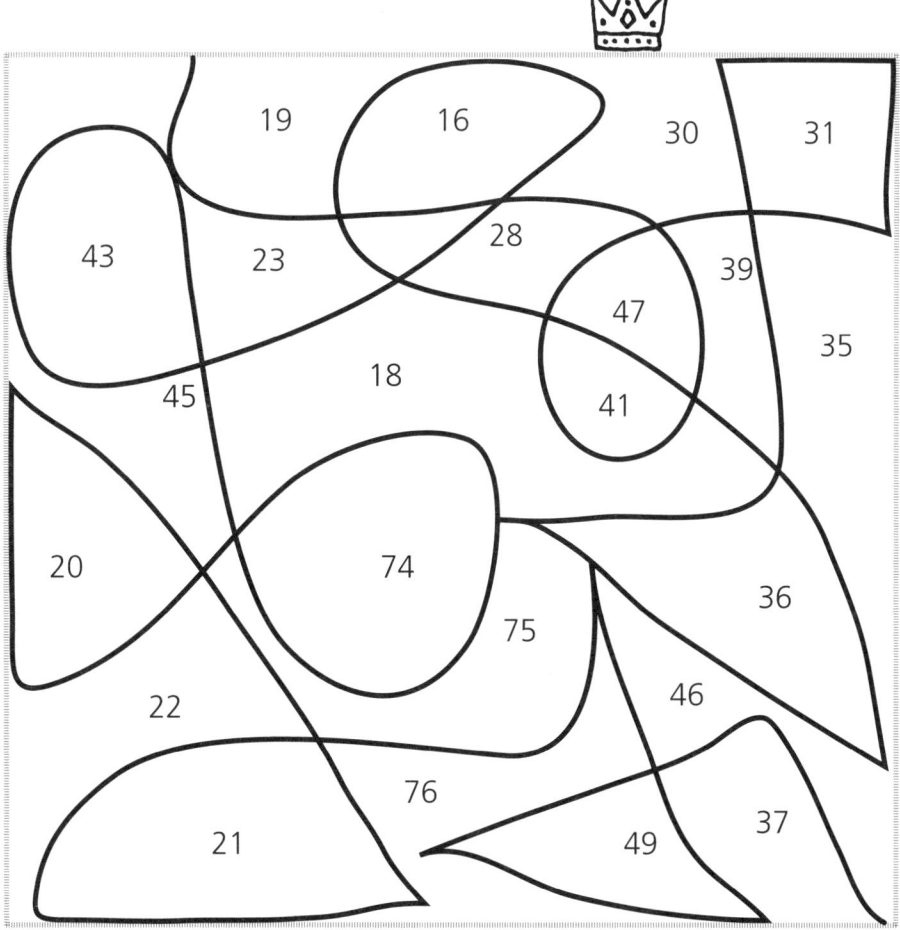

Lösung von Seite 31:

94 – 47 = 47	73 – 37 = 36	67 – 49 = 18
65 – 19 = 46	88 – 66 = 22	96 – 68 = 28
100 – 26 = 74	52 – 29 = 23	76 – 35 = 41

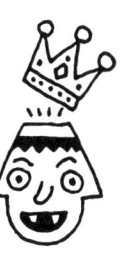

Aus mal mach plus!

Finde zu jeder Malaufgabe die Plusaufgabe und das passende Ergebnis. Male die drei zusammengehörenden Felder mit der gleichen Farbe an.

5 · 4

7 · 5

4 · 6

5 · 3

20

8 · 2

15

4 · 9

36

6 + 6 + 6 + 6

9 + 9 + 9 + 9

16

2 + 2 + 2 + 2 + 2 + 2 + 2 + 2

4 + 4 + 4 + 4 + 4

3 + 3 + 3 + 3 + 3

35

24

5 + 5 + 5 + 5 + 5 + 5 + 5

Wer findet die meisten Wörter?!

Spiele gegen einen Freund, deine Geschwister oder deine Eltern.
Wer findet die meisten Wörter mit den folgenden Buchstaben?
Achtung: Nur Hauptwörter sind erlaubt und keine Namen!

Lösung von Seite 33:

Ein Wort mit sieben Buchstaben: GEISTER

Wörter mit sechs Buchstaben: SIEGER, GERSTE, STIERE, GREISE

Wörter mit fünf Buchstaben: REGIE, GESTE, EITER, STIER, GEIER, GREIS, GEIST, REISE, SIEGE, TIERE, SEITE, SERIE

Wörter mit vier Buchstaben: GIER, TEIG, REST, TIER, SIEG, REIS

Wörter mit drei Buchstaben: SEE, IRE, EIS, SET

Ein Wort mit zwei Buchstaben: EI

Genug mit Buchstaben jongliert!

Male den Geistern einen Körper!

Voll verboten!? STADT - LAND - PUPS

Suche dir einen oder mehrere Mitspieler. Einer sagt im Stillen
das Abc auf, bis der andere STOPP ruft. Mit diesem Buchstaben
müsst ihr nun Wörter finden: eine Stadt, ein Land, ein Tier,
etwas Tolles oder Nerviges – und ein voll verbotenes Schimpfwort.

Auf den nächsten Seiten findest du Vorlagen für dieses Spiel.
Ebenso ab Seite 116. Dort kannst du dir eigene Oberbegriffe
ausdenken!

Zum Üben finde Wörter mit **P**!

A B C D E F G H
I J K L M N O
P Q R S ...

STOPP!

Stadt   P ....

Land   P ....

Fluss   P ....

Tier   P ....

Total toll   P ....

Voll nervig   P ....

Schimpfwort   P ....

STADT – LAND – PUPS

Stadt	Land	Fluss	Tier	Total toll	Voll nervig	Schimpfwort

Der perfekte Urlaubstag

Was gehört für dich zu einem rundherum perfekten Urlaubstag
dazu? Eiscreme, Wellen, Regenbogen, Klapperschlangen?!
Male in den Rahmen alles, was dir einfällt!

STADT – LAND – PUPS

Stadt	Land	Fluss	Tier	Total toll	Voll nervig	Schimpfwort

Alles total daneben!

Was kann dir einen Urlaubstag so richtig vermiesen?
Stechmücken, Sonnenbrand, Haialarm, Eisbeinsülze im Glas?!
Male in den Rahmen alles, was dir einfällt!

STADT – LAND – PUPS

Stadt	Land	Fluss	Tier	Total toll	Voll nervig	Schimpfwort

Voll verboten!? Der Kühlschrank lebt!

Kennst du Wackelaugenaufkleber? Sie sehen so aus und können
lustig wackeln:

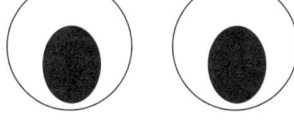

Jetzt der Streich: Schleich dich morgens vor dem Frühstück
heimlich an den Kühlschrank. Klebe auf alles, was im Kühlschrank
steht, ein Paar Plastikaugen: auf den Orangensaft, auf die Eier,
auf die Butterdose und die Käsebox. Derjenige, der etwas
aus dem Kühlschrank holen will, wird Augen machen!

Augen auf!

Heute bist du ein Maskenbildner. Schminke diese Augen mit deinen
coolsten Farben. Du kannst auch ganz lange Wimpern daranmalen.
Wie würde ein Waldfeenauge aussehen – oder das Auge einer
Eisprinzessin oder eines Klabautermanns?

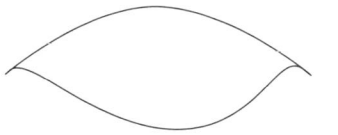 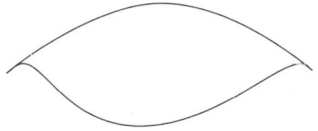

Für Matheschwergewichte

Gewichte stemmen ist nichts für schwache Kerle.
Erst recht nicht, wenn große Zahlen daranhängen.
Fülle die freien Felder der Rechenräder aus. Tipp:
Hier musst du mit den Kernaufgaben rechnen!

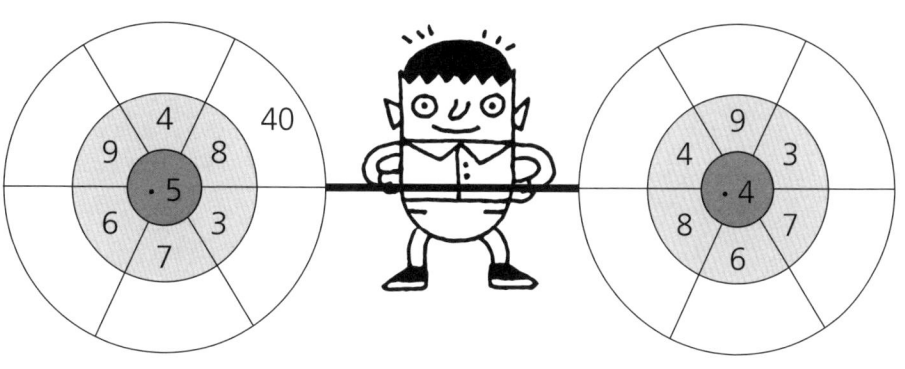

Die Lösungen
findest du auf
Seite 44!

Denksport – Geldrätsel

Pascal und Tom haben zusammen 100 €.
Tom hat 22 € mehr als Pascal.
Wie viel Euro besitzen die Kinder jeweils?

Gegensätze – Opposites

Bist du fit in Englisch?
Hier sind die Gegensätze der Wörter gesucht!

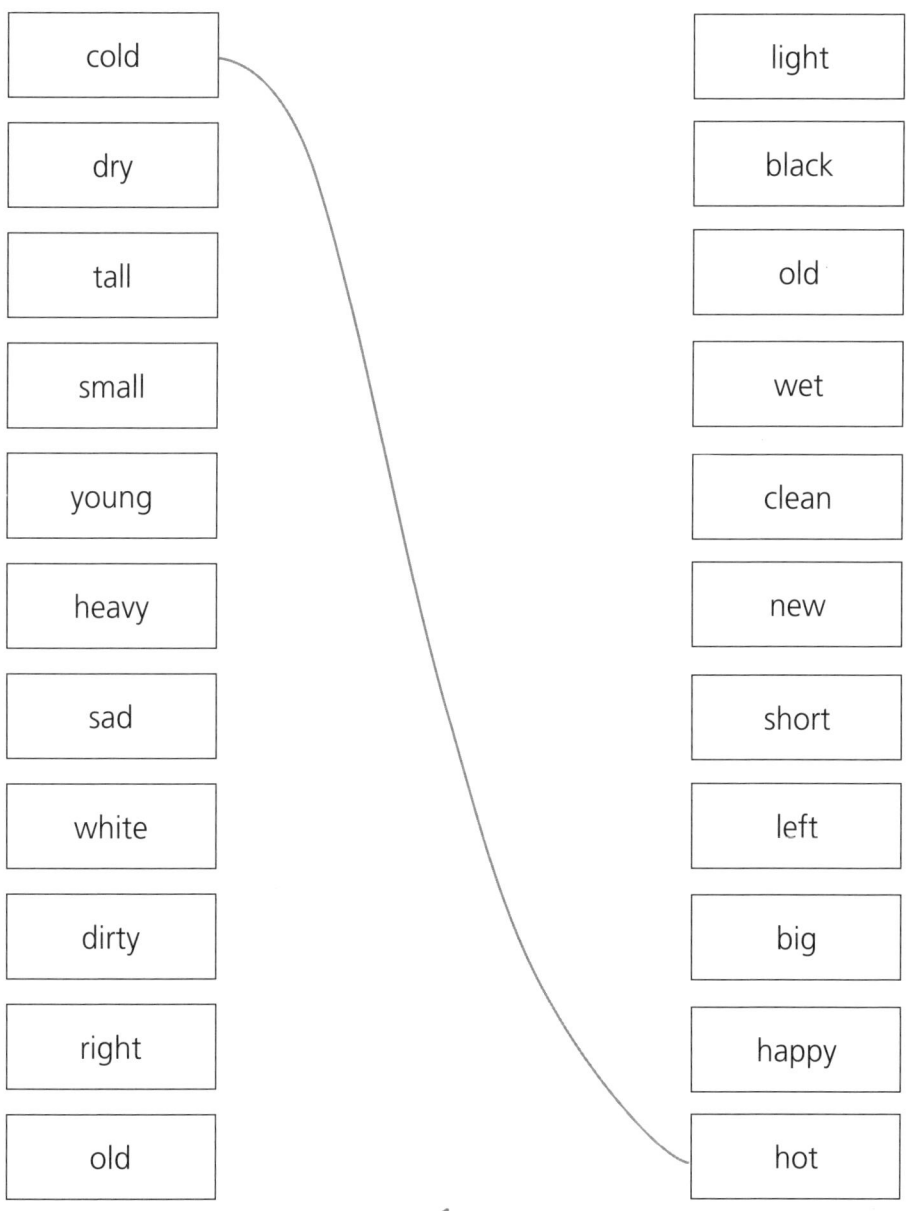

cold	light
dry	black
tall	old
small	wet
young	clean
heavy	new
sad	short
white	left
dirty	big
right	happy
old	hot

Lösung von Seite 43: cold – hot , dry – wet, tall – short, small – big, young – old, heavy – light, sad – happy, white – black, dirty – clean, right – left, old – young

Lösung von Seite 42:

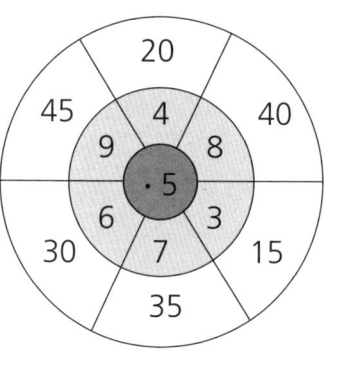

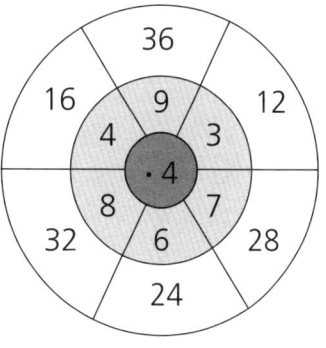

Lösung der Denksportaufgabe:
Pascal hat 39 €, Tom hat 61 €.

Malen & Fühlen

Lust auf ein kleines Ratespiel zu zweit?
Male deinem Mitspieler mit dem Finger etwas
auf den Rücken. Es sollte nicht zu schwer sein,
zum Beispiel ein Kreis, ein Herz oder ein Stern.
Errät er, was es ist? Ihr könnt euch auch
Buchstaben auf den Rücken malen und ganze Wörter raten!

Verdrehte Welt

Hier regnet es nur **unter** dem Regenschirm! Male viele kleine
Regentropfen …

Paare finden und verbinden

Verbinde alle Paare mit einer Linie. Achte dabei darauf,
dass sich die Linien so selten wie möglich überschneiden.
Hast du es geschafft? Oder brauchst du einen neuen Versuch?
Dann blättere zu Seite 130!

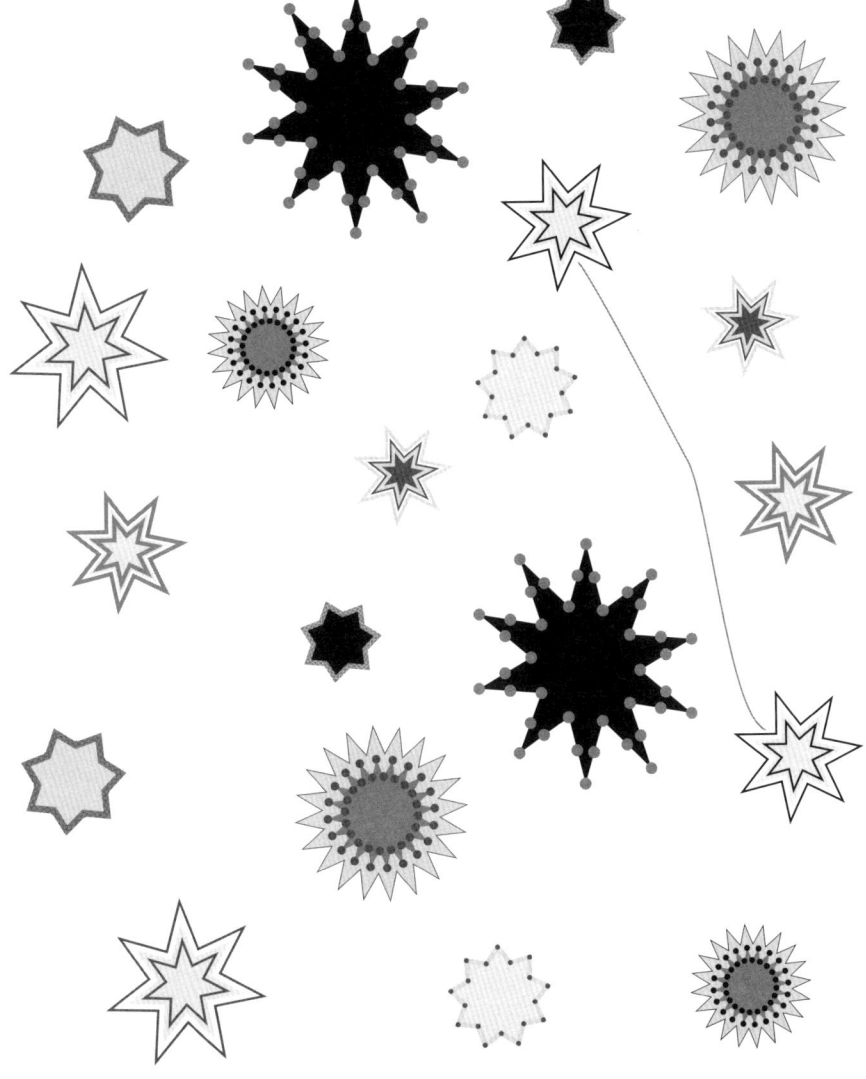

Durchgeknallte Superhelden

Hier und auf den folgenden Seiten gibt es durchgeknallte Superhelden. Male sie in knalligen Heldenfarben an!
Wie heißen sie? Welche Superkräfte haben sie?

Name: ....

....

Superkraft: ....

....

Hobbys: ....

....

Name: ....

....

Superkraft: ....

....

Hobbys: ....

....

Supersuperheldin

Erfinde deine eigene Superheldin! Wie heißt sie? Was kann sie besonders gut? Was sind ihre Hobbys?

Name: ....

....

Superkraft: ....

....

Hobbys: ....

....

Durchgeknallte Superhelden

Diese beiden Superhelden stehen auf knallige Muster!
Verpasse ihren Hosen und Hemden bunte Muster.
Trage auch Namen und Superkraft ein.

Name: ....

....

Superkraft: ....

....

Hobbys: ....

....

Name: ....

....

Superkraft: ....

....

Hobbys: ....

....

Superheldenfilm – Teil 1

Deine Superhelden spielen in einem Superheldenfilm mit.
Und du schreibst das Drehbuch!
Überlege dir zuerst, an welchem Ort deine Geschichte spielt:
in einer Großstadt, im Wald oder auf einem fremden Planeten?

Zu welcher Jahreszeit spielt dein Film? Ist Sommer oder
Winter? Gibt es einen Schneesturm? Oder ist es affenheiß?

Fortsetzung folgt auf den Seiten 82, 159 und 160!

50

Entspannen & ausmalen

Male den Fisch nach Lust und Laune aus!

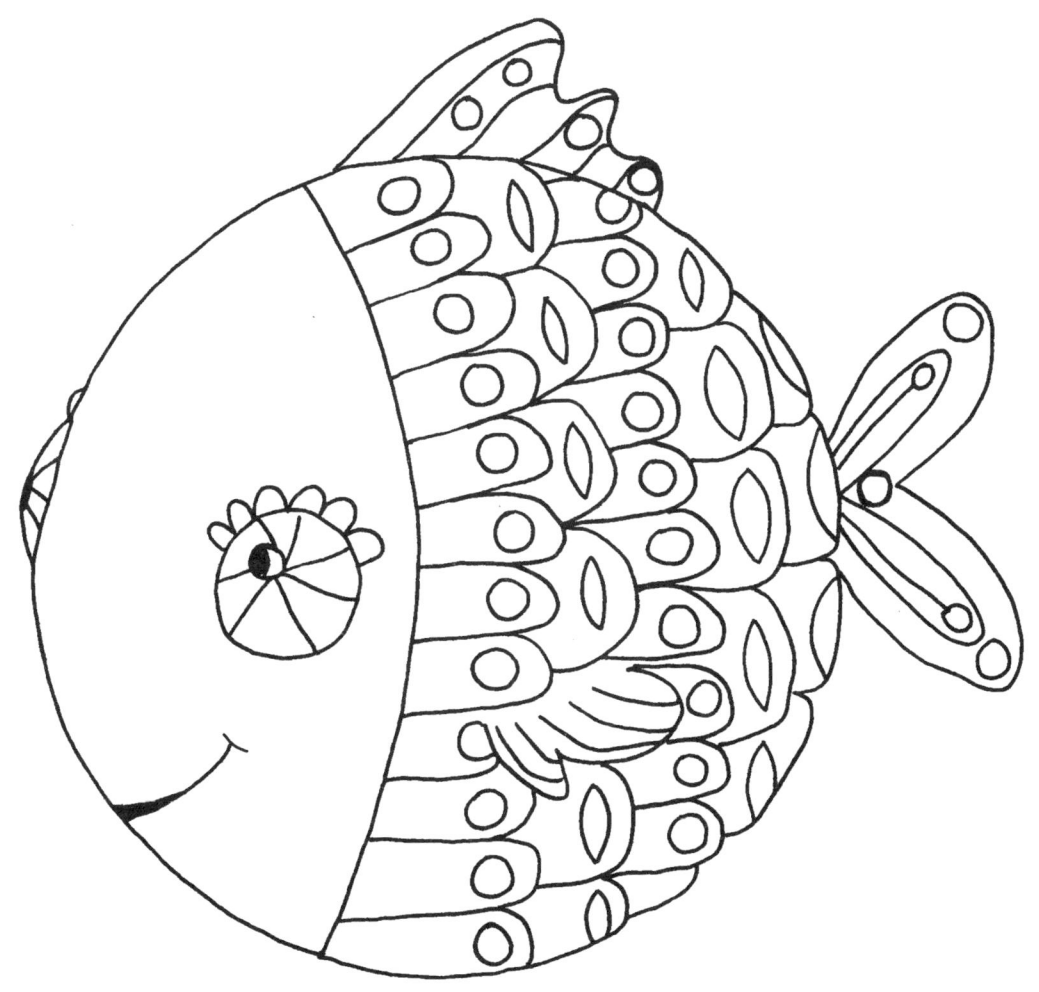

Voll verboten!? Knack, krach, bumm!

Für diesen Streich brauchst du leere Nussschalen, zum Beispiel von Walnüssen oder Haselnüssen, und doppelseitiges Klebeband. Klebe die Schalen heimlich unter die Stuhlbeine, z.B. vom Stuhl deines Lehrers, oder unter einen Küchenstuhl zu Hause. Wer sich als Nächster auf den Stuhl setzt, wird denken, dass dieser gleich zusammenkracht.

HA HA!

Reime gesucht

Welche Wörter reimen sich? Verbinde.
Findest du noch weitere Reimwörter, die dazu passen?

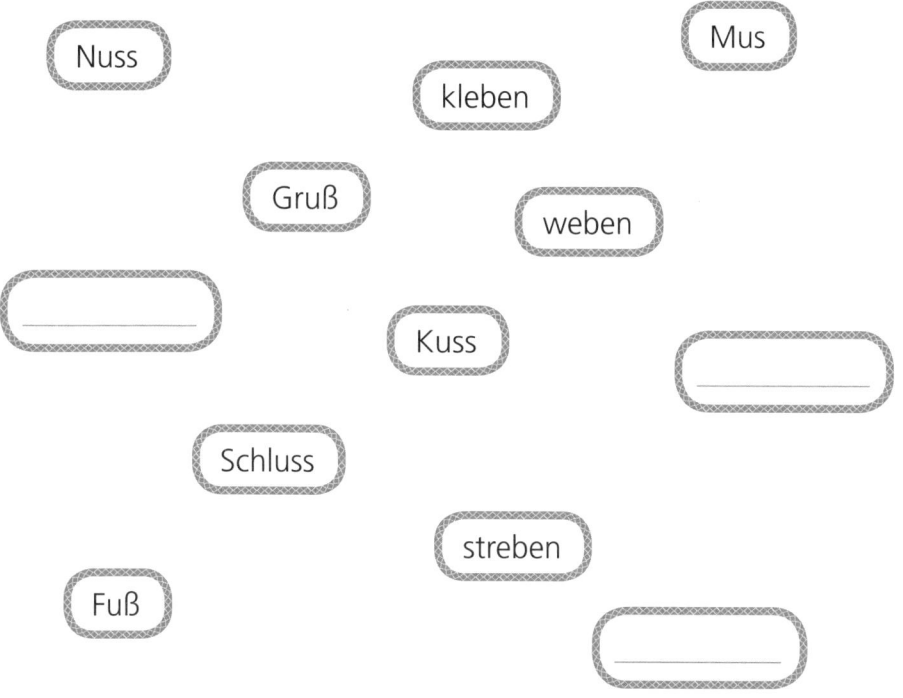

Den Mustern auf der Spur!

Erkennst du die Muster?
Dann setze sie in den restlichen Kästchen fort.

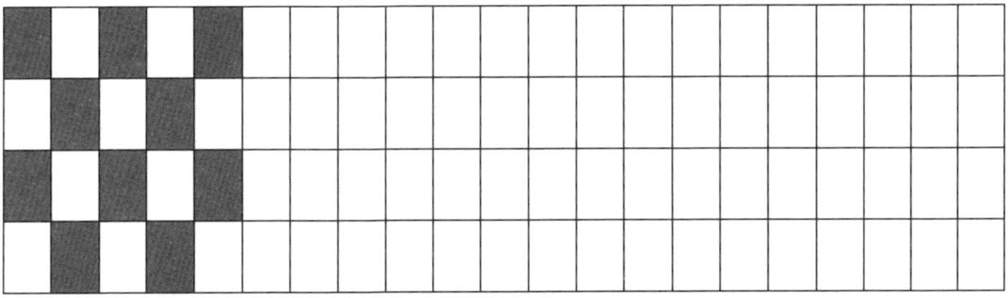

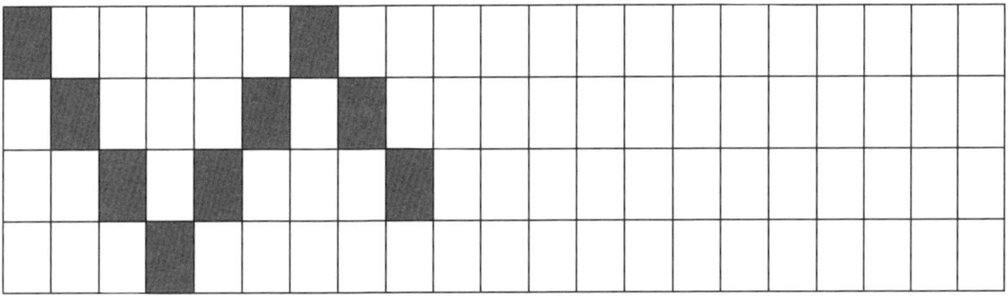

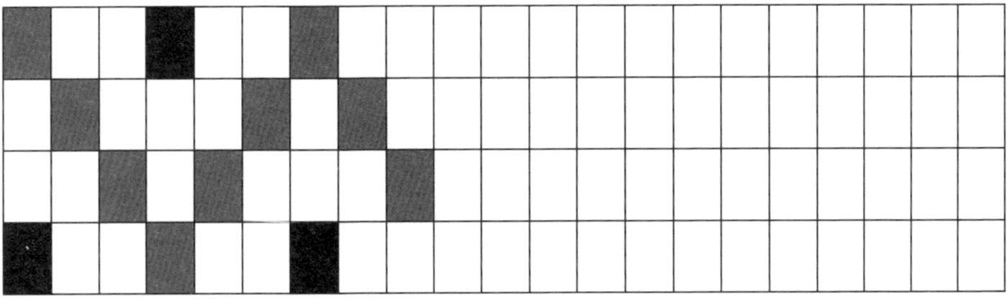

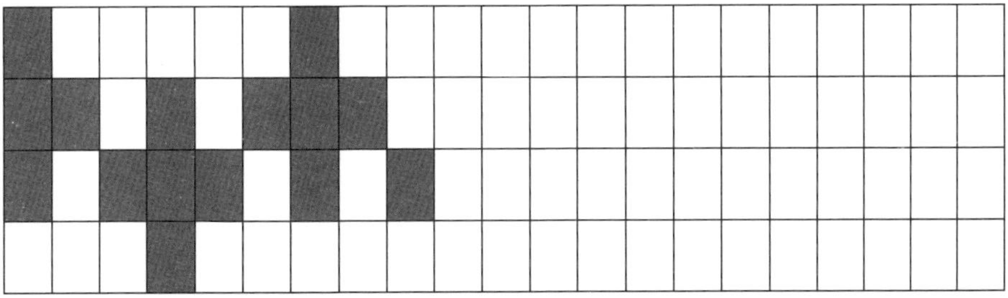

Gruselgeschichten spinnen

Sieh dir das Bild genau an.
1. Welche Tiere siehst du?
2. Was macht der komische Geist da wohl?
3. Was hat die alte Hexe vor?
Schreibe es auf und denke dir eine Gruselgeschichte dazu aus.

1. _____

_____

2. _____

_____

3. _____

Voll verboten!? Von A bis Z

Überlege dir voll verbotene Aktionen – und zwar für jeden
Buchstaben des Alphabets eine! Hier und auf der nächsten Seite
gibt es Platz für die verbotensten Quatsch-Ideen:

A   **angeln** in Omas Aquarium

B

C

D

E

F

G

H

I

J

K

L

Voll verboten!? Von A bis Z

… und weiter gehts!

M _____

N _____

O _____

P _____

Q _____

R _____

S _____

T _____

U _____

V _____

W _____

X _____

Y als **Yeti** verkleidet Tante Erna erschrecken

Z _____

Voll ins Schwarze getroffen!?

Bist du ein guter Bogenschütze? Ziehe mit einem Stift
von der Pfeilspitze unten eine schnelle Linie nach oben.
Ohne den Stift abzusetzen! Versuche, ins Schwarze
der Zielscheiben zu treffen.

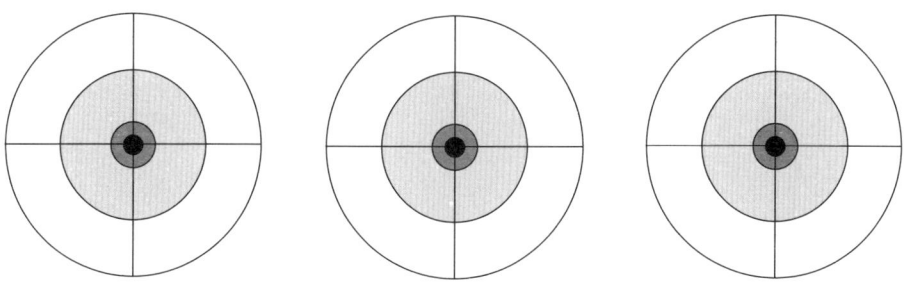

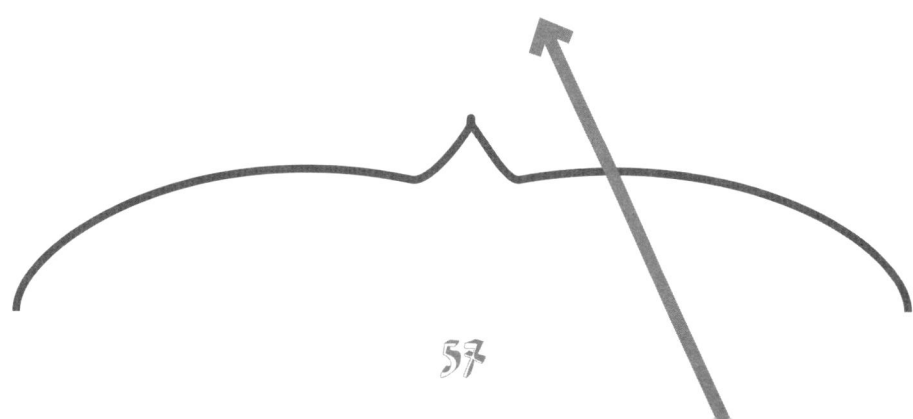

Ein Urlaub voller S

Endlich Ferien! Hast du Lust auf **S**chnorcheln in der **S**üdsee,
oder willst du lieber eine **S**chneewanderung am **S**üdpol machen?
Schreibe alles **S**upercoole zum Thema Ferien auf, das mit
dem Buchstaben **S** beginnt!!

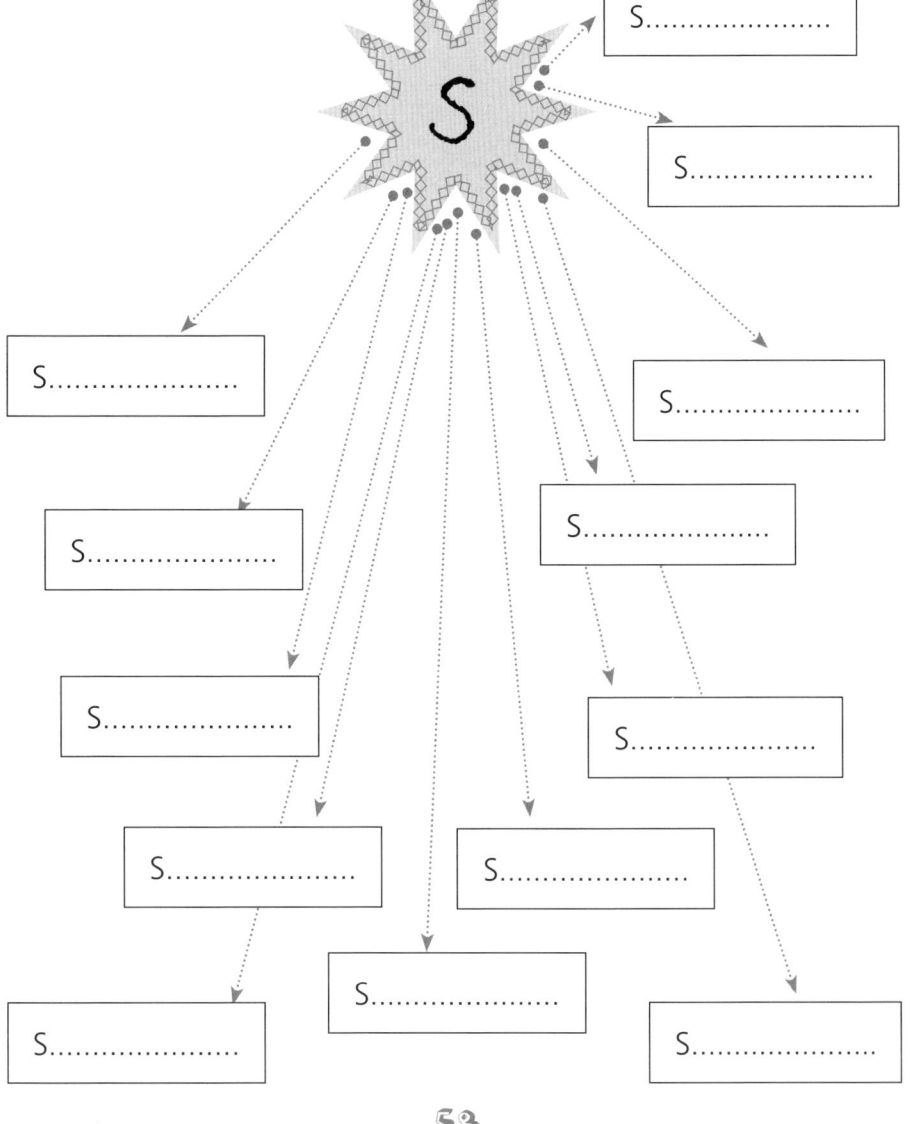

S....................

S....................

S....................

S....................

S....................

S....................

S....................

S....................

S....................

S....................

S....................

S....................

Kennst du dich aus?
Dog, cat or mouse ...

Hund, Katze, Maus, Tiger… Bestimmt kennst du dich mit Tieren aus! Aber weißt du auch, wie sie auf Englisch heißen? Schreibe die englischen Tiernamen in die Sprechblasen!

sknae

nuipeng

onli

keymon

gerti

act

beraz

rbea

hipop

sarhk

phantlee

msoue

ogd

gaffeir

Die Lösung findest du auf Seite 60!

59

Lösung von Seite 59: Diese Tiernamen waren gesucht: cat (Katze), mouse (Maus), dog (Hund), bear (Bär), monkey (Affe), lion (Löwe), hippo (Nilpferd), giraffe (Giraffe), snake (Schlange), elephant (Elefant), shark (Hai), penguin (Pinguin), tiger (Tiger), zebra (Zebra).

Kettengeschichte spinnen

Suche dir ein paar Mitspieler. Zusammen spinnt ihr eine
lustige Geschichte! Einer denkt sich den Geschichtenanfang aus.
Die anderen hören genau zu. Nach ein paar Sätzen erzählt
der Nächste weiter. Wie geht eure Geschichte aus?
Es gibt allerdings eine Bedingung! Folgende Wörter müssen
in eurer Geschichte vorkommen:

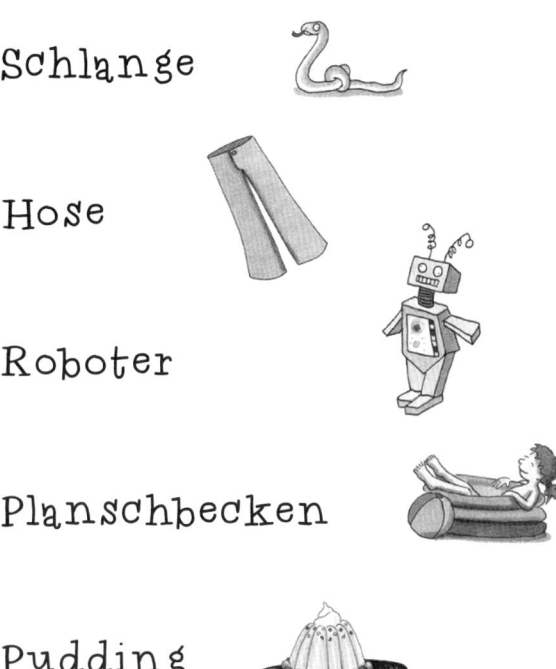

Schlange

Hose

Roboter

Planschbecken

Pudding

Her mit den Diamanten!

Verteile 20 erbeutete Diamanten an die drei Bankräuber.
Bekommen alle gleich viele?

Und wie sieht die Rechenaufgabe dazu aus?

20 : 3 = ... Rest

denn .... · .... + = ...

Lösung von Seite 61:

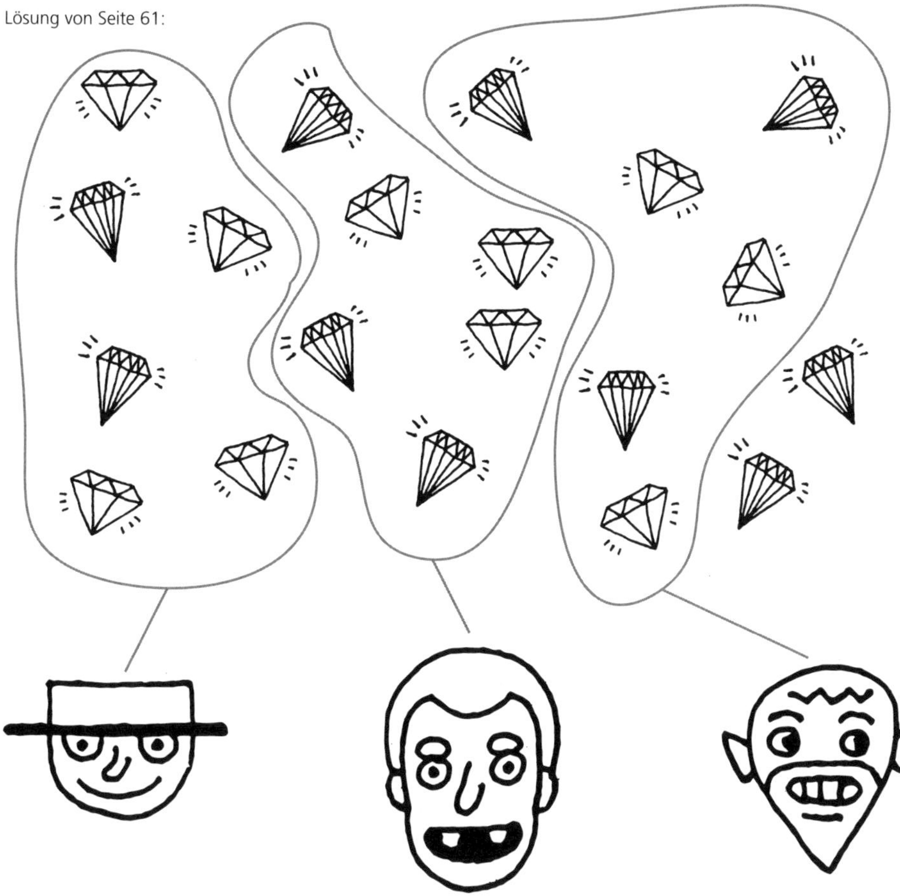

20 : 3 = 6 Rest 2, denn 6 · 3 + 2 = 20

Denksport – Zahlenrätsel

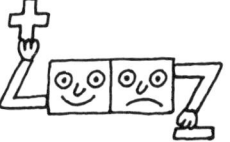

Wenn ich von meiner Zahl 38 subtrahiere und das Ergebnis durch 8 teile, erhalte ich die Zahl 6. Wie heißt meine Zahl?

Lösung: Die gesuchte Zahl ist 86.

XXO - und los gehts!?

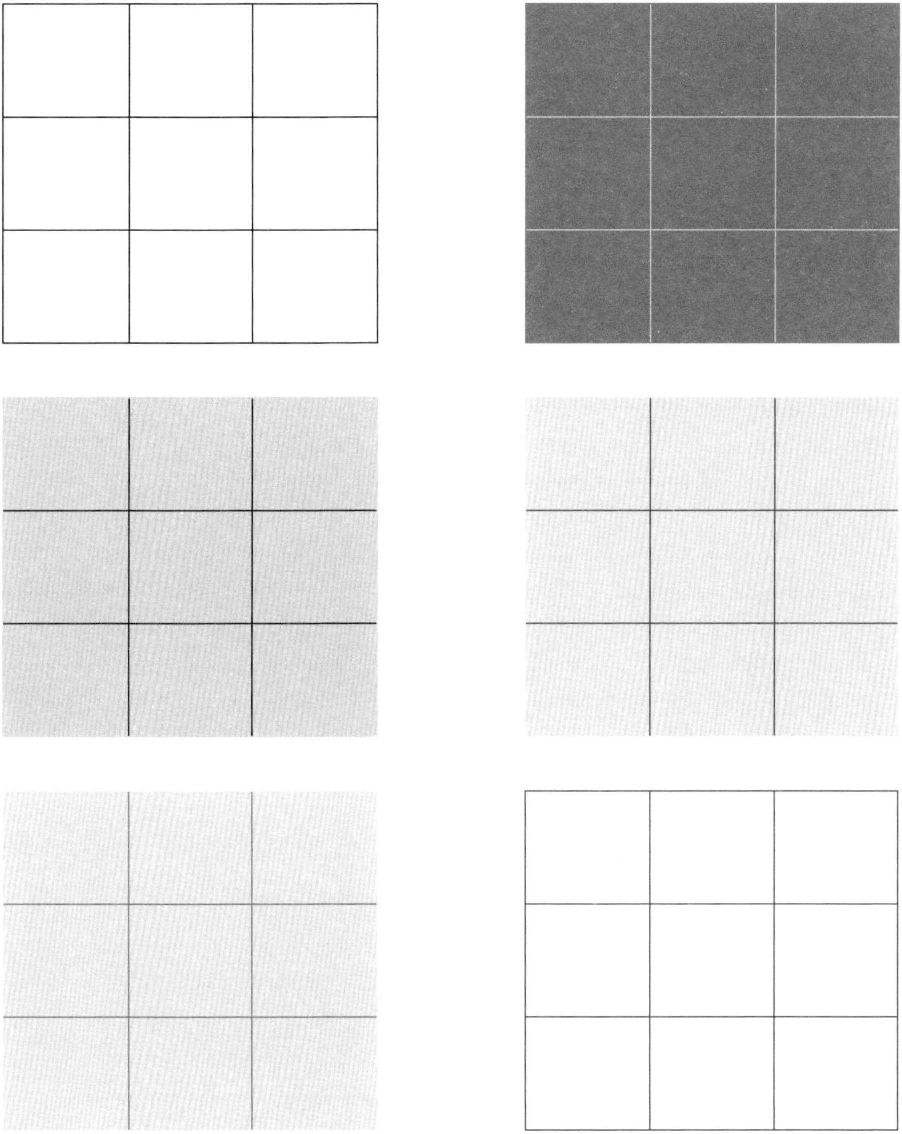

Tierisches Kreuzworträtsel

Kennst du diese Tiere? Trage ein.

Selbst gezeichnet? Na, klar doch!

Kannst du einen Schneemann zeichnen? Probiere mal, den Stift dabei nicht abzusetzen und alles mit einer einzigen Linie zu zeichnen. Zur Übung kannst du erst mal den Schneemann hier nachfahren. Bei den Knöpfen oder Augen kannst du einfach Kringel auf der Stelle machen. Auf der nächsten Seite bist du der Künstler!

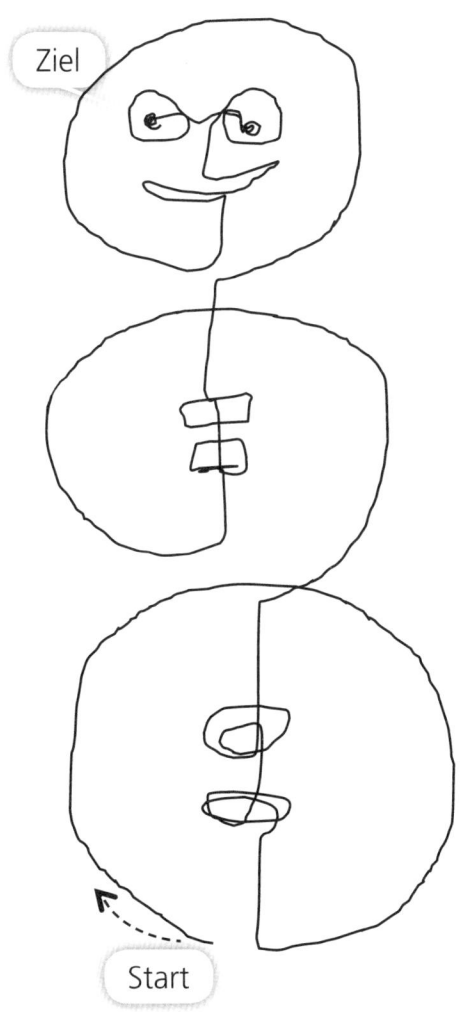

Ziel

Start

Alles aus einem Strich!

Los gehts …

Entspannen & ausmalen

Male das Motiv nach Lust und Laune aus!

Wer hat an der Uhr gedreht?!

Frau Zeitlos besitzt sechs verschiedene Uhren. Jede Uhr zeigt eine andere Uhrzeit an. Suche zu jeder Uhr die passende Zeitangabe, und verbinde!

Es ist acht Uhr.

Es ist Viertel vor sechs.

Es ist halb vier.

Es ist zwölf Uhr.

Es ist Viertel nach zehn.

Es ist halb fünf.

Voll verboten!? Die versperrte Tür

Diesen Streich kannst du gemeinsam mit
Schulfreunden in der Schule spielen. Sucht
euch aber einen Lehrer aus, der Spaß versteht!
Ihr braucht dazu mehrere Zeitungen und Klebeband,
das sich gut wieder ablösen lässt.
So gehts: Klebt mit Klebeband so viele Zeitungsblätter aneinander,
dass ihr die komplette Klassenzimmertür damit verdeckt. Wenn ihr
Zeit habt, klebt mehrere Lagen übereinander – so wird es schwerer,
durch die Zeitungswand hindurchzukommen.
Nun klebt ihr die Zeitung an den Türrahmen. Da muss euer Lehrer
nun erst mal durchkommen!
Achtung: Funktioniert nur, wenn die Tür nach außen aufgeht.

:: Es ist halb fünf.

○ Es ist Viertel nach zehn.

▽ Es ist zwölf Uhr.

◇ Es ist halb vier.

○ Es ist Viertel vor sechs.

□ Es ist acht Uhr.

Lösung von Seite 68:

69

Formen und Figuren

Wie viele Figuren kannst du hier erkennen?

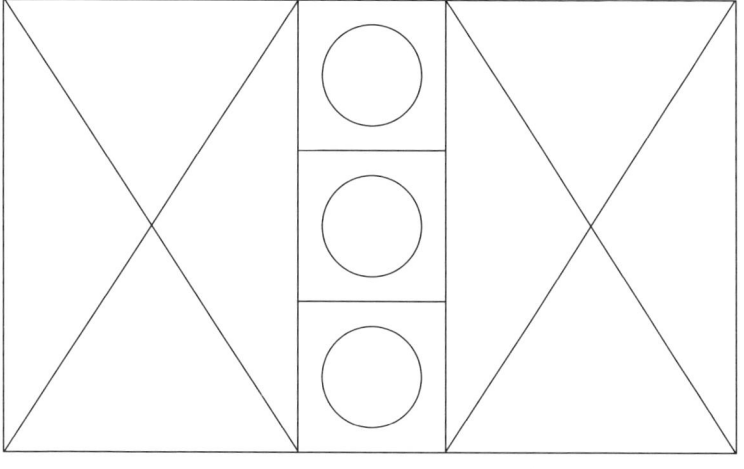

Kreise: ....

Quadrate: ....

Rechtecke: ....

Vierecke: ....

Dreiecke: ....

XXO - und los gehts!?

STADT - LAND - PUPS

Trage fünf eigene Oberbegriffe in die Kopfzeile ein.
Zum Beispiel „ein Spielzeug", „etwas Leckeres" oder „etwas, das stinkt"?!

DIY-Puzzle

Hast du Lust, ein Puzzle selbst zu machen?
Zuerst brauchst du ein Motiv. Wie wäre es mit diesem hier?
Male das Bild bunt aus, und schneide es entlang der Linie aus.

Ausschneiden und lospuzzeln!

DIY-Puzzle (Rückseite)

Wenn du das Muster nur **entlang der schwarzen Linien** ausschneidest, wird das Puzzle leichter. Je größer die Puzzleteile, desto einfacher. Logisch, oder?!

Profipuzzler schneiden zudem entlang der grauen Linie!

74

DIY-Puzzle

Jetzt bist du an der Reihe! Zeichne ein Motiv in den Rahmen.
Tipp: Male die Fläche möglichst vollständig aus.
Dann ist auf jedem Puzzleteil ein Stück von deinem Bild erkennbar.

DIY-Puzzle (Rückseite)

Ist dein Motiv auf der Vorderseite fertig? Schneide die Puzzleteile entlang der Linien aus. Du kannst auch nach Lust und Laune ausschneiden.

Dann hast du ganz unterschiedlich geformte Puzzleteile. Auch gut!

Wer fängt an?

Pile oder Pang,
Pile oder Peck,
und du bist weg!

Abzählreime kannst du dir prima selbst ausdenken. Probiere einmal, die folgenden Verse umzudichten, oder erfinde einen ganz neuen Reim.

1, 2, 3, 4, 5, 6, 7,
in der Schule wird geschrieben,
in der Schule wird gelacht,
bis der Lehrer Kopfstand macht.

Was fällt dir noch ein?
… bis es in der Hose kracht.
… bis der Lehrer …
…

Oberstoppel Hoppelhase
hoppelt gern im Stoppelgrase,
hoppelt gern ins Haus,
und du bist raus!

Popel Hoppel Oberhase
popelt gern in seiner Nase,
popelt gern im Haus,
und du bist raus!

_____
_____
_____
_____
_____

Magische Zauberquadrate

Weißt du, was Zauberquadrate und Zauberzahlen sind?
In diesem Zauberquadrat verraten dir zwei Zahlenreihen
die Zauberzahl. Denn 13 + 25 + 10 = 48 und 25 + 16 + 7 = 48.

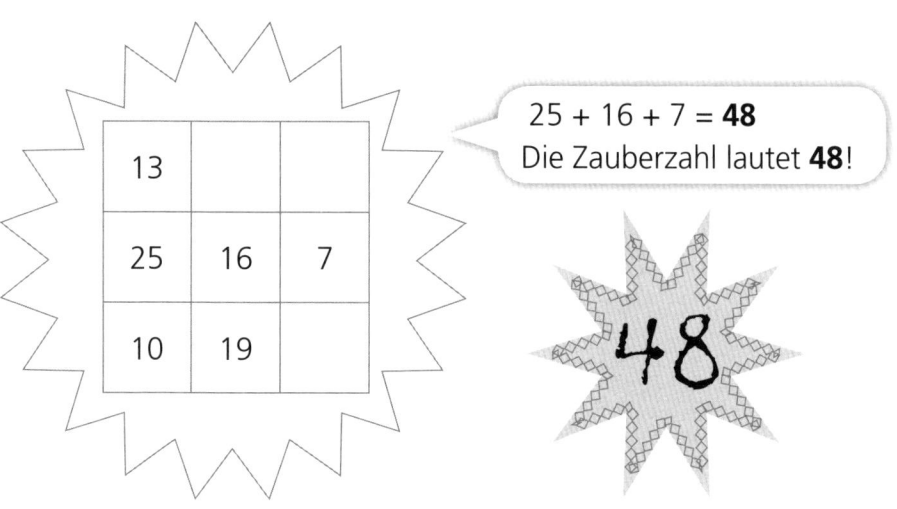

13		
25	16	7
10	19	

25 + 16 + 7 = **48**
Die Zauberzahl lautet **48**!

48

Finde die Zauberzahl heraus, und ergänze die Zahlen in
den Zauberquadraten! Auch diagonale Zahlenreihen verraten
dir die Zauberzahl!

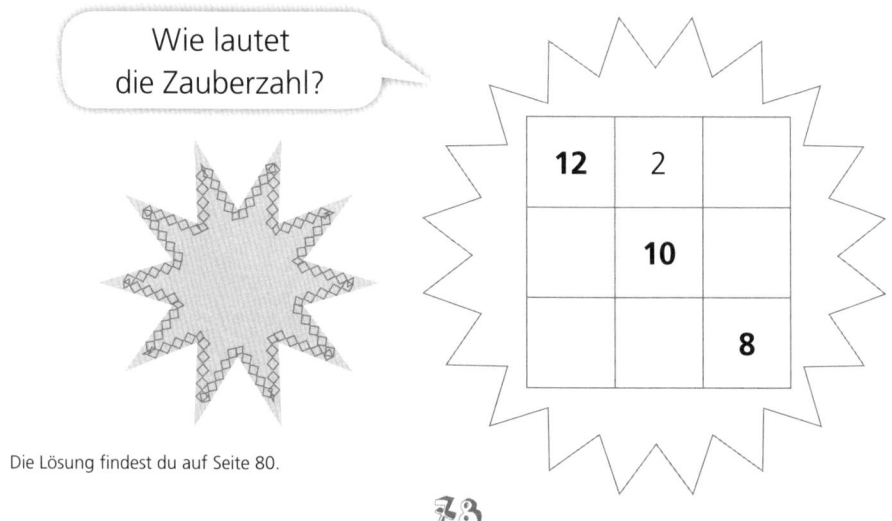

Wie lautet
die Zauberzahl?

12	2	
	10	
		8

Die Lösung findest du auf Seite 80.

Noch mehr magische Zauberquadrate

Kennst du dich aus im Reich der Magier, Hexenmeister und Zauberzahlen? Dann vervollständige die Zauberquadrate!

8		10	
	14		4
		20	6
2	24		

100

Zauberzahlen

	3		26
	22		15
18		11	
7			2

66

79

Lösung von Seite 78:

13	13	22
25	16	7
10	19	19

12	2	16
14	10	6
4	18	8

Zauber-zahl 30

Lösung von Seite 79:

8	50	10	32
28	14	54	4
62	12	20	6
2	24	16	58

31	3	6	26
10	22	19	15
18	14	11	23
7	27	30	2

Alle Zahlen verzaubert?

Dann kannst du zur magischen Entspannung den Regenbogenmann bezaubernd schön ausmalen.

Voll verboten!?
Der Ballonschreck

Lust auf einen kleinen Streich? Damit kannst du deine Eltern, Geschwister oder Freunde erschrecken. Du brauchst nur einen Luftballon und eine Tür, die gut schließt!
Blase den Ballon auf, mache aber keinen Knoten rein. Suche dir eine viel benutzte Tür aus, und öffne sie. Klemme das Mundstück des Ballons zwischen den Türrahmen und die Tür, indem du diese fest verschließt. Beachte: Wenn die Tür nach innen öffnet, klemmst du den Ballon von außen dazwischen. Wenn jetzt jemand die Tür von innen öffnet, saust der Luftballon wild durch die Gegend!

Schon gewusst?!

Der Luftballon aus deinem Streich bewegt sich nach dem Rückstoßprinzip vorwärts: Er saust nach vorne weg, weil nach hinten die Luft aus seinem Inneren strömt. Weißt du, wo das noch vorkommt? Bei einer Rakete, die ins Weltall startet!

Quizfrage

Und welches Tier kann sich per Rückstoß blitzschnell vorwärtsbewegen? Tipp: Es ist sehr intelligent, kann seine Farbe wechseln und hat acht oder zehn Arme!

Lösung: der Tintenfisch

31

Superheldenfilm – Teil 2

Deine Geschichte von Seite 50 geht weiter! Welche Superhelden sind miteinander befreundet? Und wer kann wen gar nicht ausstehen?

_____

_____

_____

_____

_____

_____

Was erleben die befreundeten Superhelden zusammen? Wer stellt sich ihnen in den Weg und warum?

_____

_____

_____

_____

_____

Fortsetzung folgt auf den Seiten 159 und 160!

Rechenhäuser

Vervollständige die Rechenhäuser.

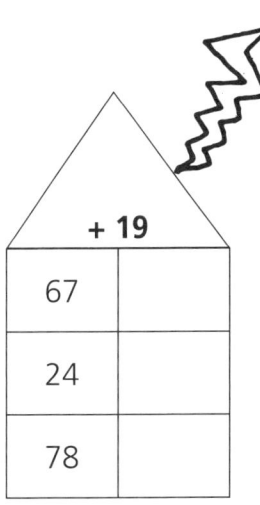

+ 19	
67	
24	
78	

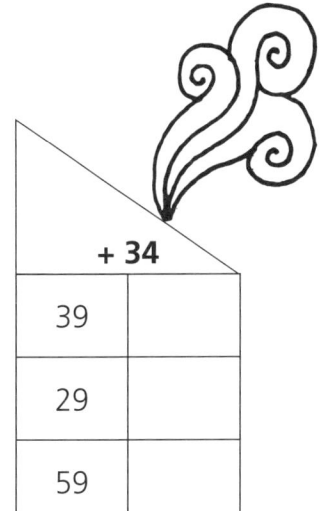

+ 34	
39	
29	
59	

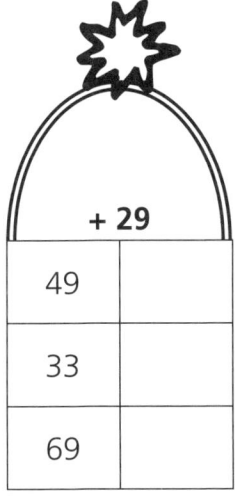

+ 29	
49	
33	
69	

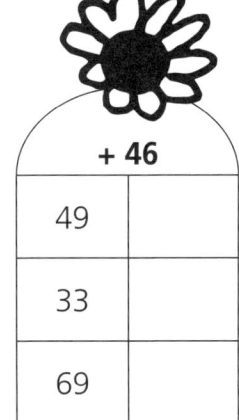

+ 46	
49	
33	
69	

Lösung von Seite 83:

97	78	98	69	93	59	115	69
43	24	62	33	63	29	79	33
86	67	78	49	73	39	95	49
+ 46		+ 29		+ 34		+ 19	

Kleiner oder größer?

Setze ein: <, > oder =.

354 $\bigcirc$ 453

508 $\bigcirc$ 580

344 $\bigcirc$ 344

888 $\bigcirc$ 808

717 $\bigcirc$ 719

$3 \cdot 8 + 24$ $\bigcirc$ $6 \cdot 7 + 6$

achthunderteinundzwanzig $\bigcirc$ achthundertneunzehn

der Vorgänger von 700 $\bigcirc$ der Nachfolger von 699

Wörter zusammensetzen

Verbinde die Wörter, die sich zu einem neuen Wort
zusammensetzen lassen! Tipp: Es gibt mehrere Möglichkeiten!

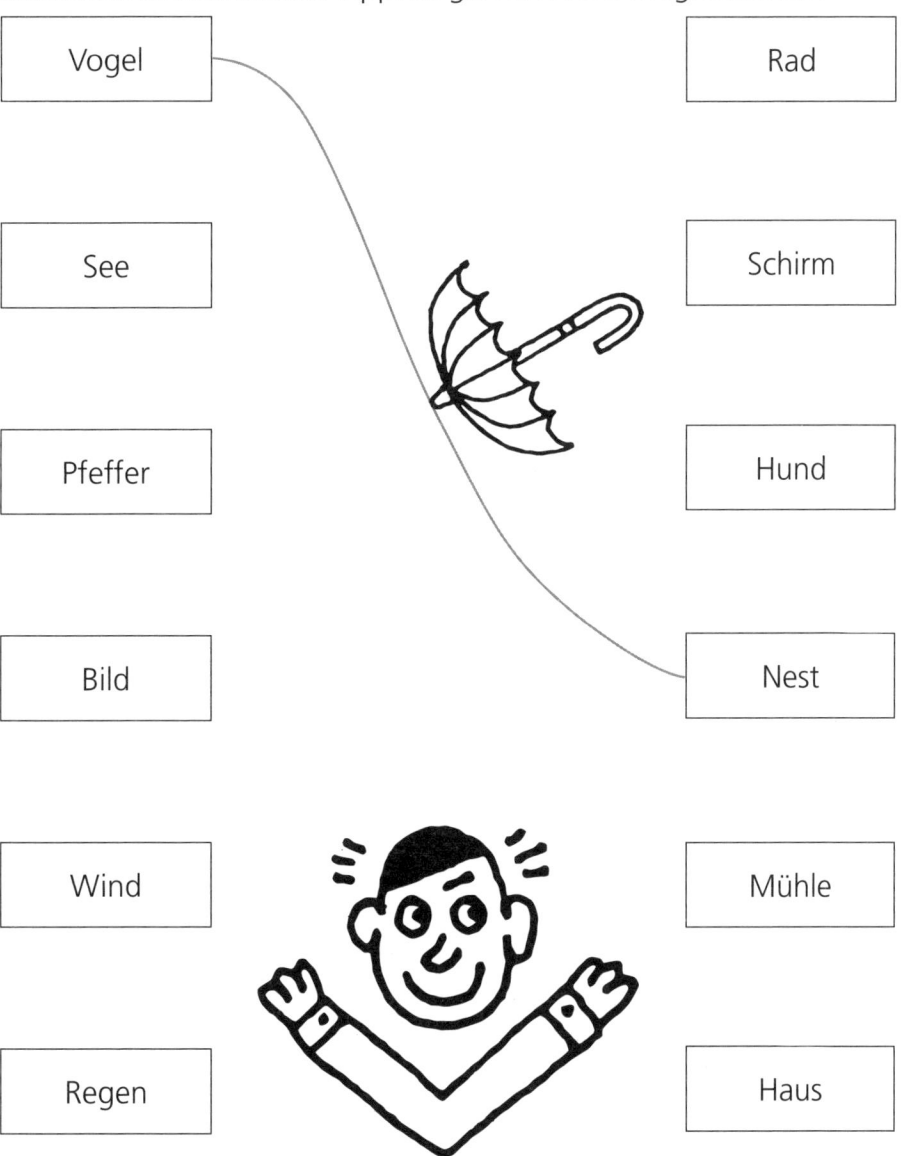

Vogel	Rad
See	Schirm
Pfeffer	Hund
Bild	Nest
Wind	Mühle
Regen	Haus

Wörter zerlegen

Wie viele Wörter verstecken sich in diesen zusammengesetzten Wörtern? Trenne sie mit einem Strich, und zähle sie.

Fuß|ball|welt|meister   4

Kindergartentasche

Haustürschlüssel

Stofftier

Schifffahrt

Vogelei

Apfelsaftflasche

Bilde selbst ein möglichst langes zusammengesetztes Wort – egal, ob es einen Sinn ergibt oder nicht! Wie wäre es zum Beispiel mit …

Fuß | ball | welt | meister | socken | bündchen | fussel | floh

Ich packe meinen Koffer ...

... und was ist leider nicht darin? Endlich kann die Reise losgehen,
doch die tollsten Dinge hatten keinen Platz! Finde zu jedem
Buchstaben des Alphabets einen riesigen Gegenstand,
der nicht mehr in den Koffer gepasst hat!

A ffenbrotbaum   N _____

B oot _____   O _____

C _____   P _____

D _____   Q _____

E _____   R _____

F _____   S _____

G _____   T _____

H _____   U _____

I _____   V _____

J _____   W _____

K _____   X _____

L _____   Y _____

M _____   Z _____

Voll verboten!?

Heute ist alles erlaubt! Was würdest du anstellen,
wenn es keine Verbote gäbe? Schreibe oder male es in
den Rahmen!

Knifflige Rechenmauer

Aus der Rechenmauer sind ein paar Steine herausgefallen.
Weißt du, wo sie passen?

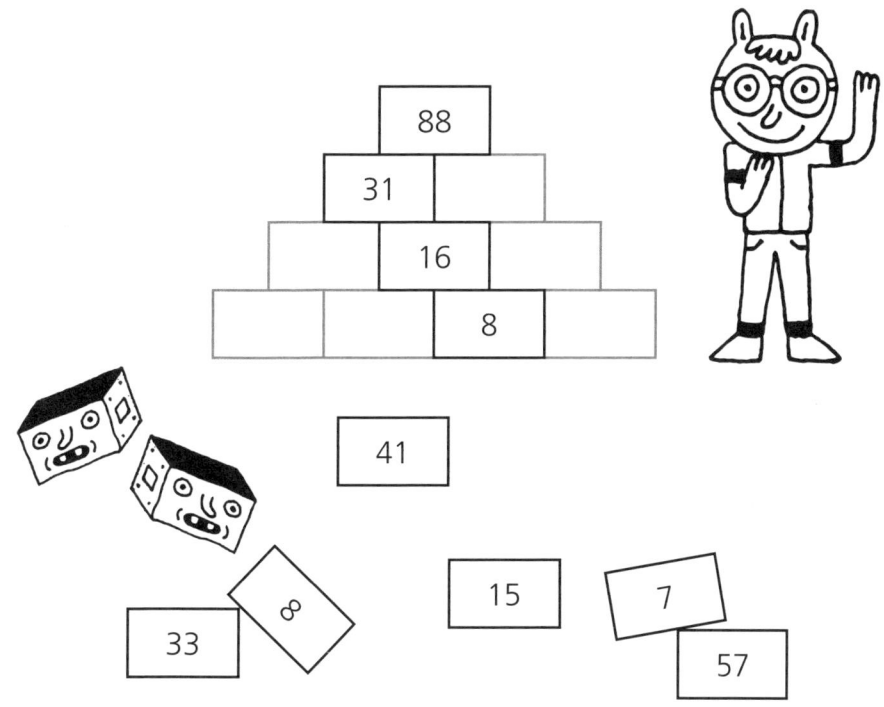

Die Lösung findest du auf Seite 90.

Quizfrage 🐰

Wer kann das sein? Er zeigt jedem ein anderes Gesicht, obwohl er
selbst gar kein Gesicht hat.

Lösung: der Spiegel

89

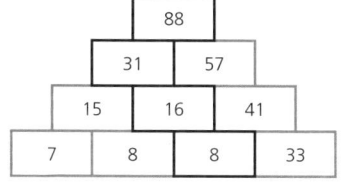

Die Versteckte 7

Wie oft hat sich die Zahl 7 im Zahlengitter versteckt?
Male die Kästchen an, und zähle sie.

1	2	3	4	8	7	4	9	4	0	1	2	3	4	7
7	5	7	2	7	1	4	8	8	3	9	6	7	9	7
8	9	7	4	9	3	7	9	3	2	4	2	2	8	
4	2	8	8	8	2	2	8	2	2	3	7	3	3	9
5	3	9	7	9	3	1	9	3	1	4	0	7	0	2
1	4	2	1	2	3	4	8	7	4	9	4	0	1	1
9	7	3	9	3	7	6	3	0	2	1	1	9	0	4
1	2	3	4	8	7	4	9	4	0	1	1	2	3	4
7	9	8	7	7	9	7	4	4	2	6	8	3	7	1
4	6	8	3	0	6	9	9	7	3	4	5	4	7	9
5	4	7	1	2	3	4	8	7	4	9	4	0	1	1
4	9	8	4	8	9	0	8	9	3	9	3	7	6	4
2	2	9	1	9	2	0	9	2	2	2	2	7	4	2
1	3	2	8	2	3	3	2	3	1	3	1	8	3	8
1	2	3	4	8	7	4	9	4	0	1	1	2	3	4

1	2	3	4	8	7	4	9	4	0	1	2	3	4	7
7	5	7	2	7	1	4	8	8	3	9	6	7	9	7
8	9	7	4	7	9	3	7	9	3	2	4	2	2	8
4	2	8	8	8	2	2	8	2	2	3	7	3	3	9
5	3	9	7	9	3	1	9	3	1	4	0	7	0	2
1	4	2	1	2	3	4	8	7	4	9	4	0	1	1
9	7	3	9	3	7	6	3	0	2	1	1	9	0	4
1	2	3	4	8	7	4	9	4	0	1	1	2	3	4
7	9	8	7	7	9	7	4	4	2	6	8	3	7	1
4	6	8	3	0	6	9	9	7	3	4	5	4	7	9
5	4	7	1	2	3	4	8	7	4	9	4	0	1	1
4	9	8	4	8	9	0	8	9	3	9	3	7	6	4
2	2	9	1	9	2	0	9	2	2	2	2	7	4	2
1	3	2	8	2	3	3	2	3	1	3	1	8	3	8
1	2	3	4	8	7	4	9	4	0	1	1	2	3	4

Zahlencodes knacken!

Finde die jeweilige Regel, und setze die Reihen fort.

1. 21 28 35 42 … … … … … 84   Regel:

2. 3 6 12 24 … … … … 768   Regel:

3. 100 96 92 … … … … 72   Regel:

Lösung:

1. 21 28 35 42 **49 56 63 70 77** 84, Regel: + 7;

2. 3 6 12 24 **48 96 192 384** 768, Regel: · 2;

3. 100 96 92 **88 84 80 76** 72, Regel: –4

Den Mustern auf der Spur!

In diesen beiden Mustern haben sich Fehler eingeschlichen!
Findest du sie? Kreise sie ein!

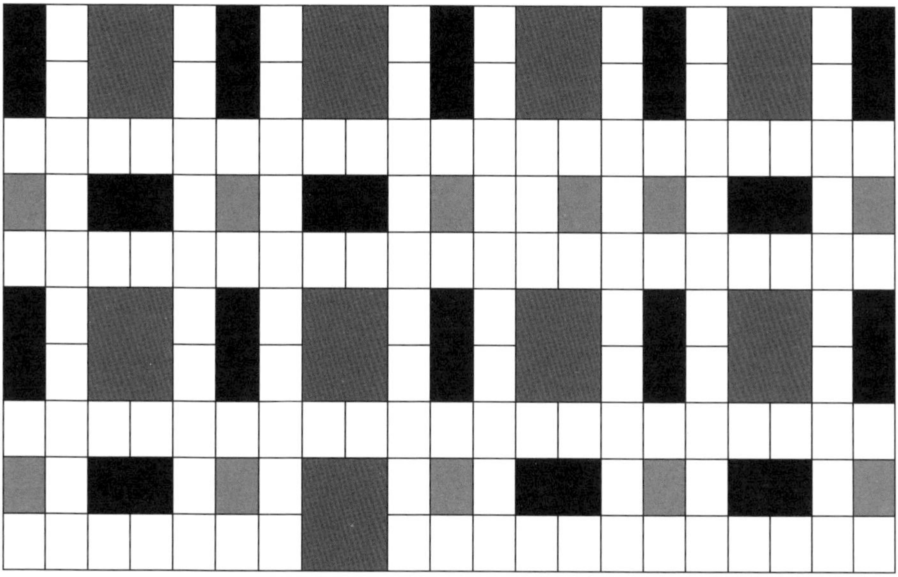

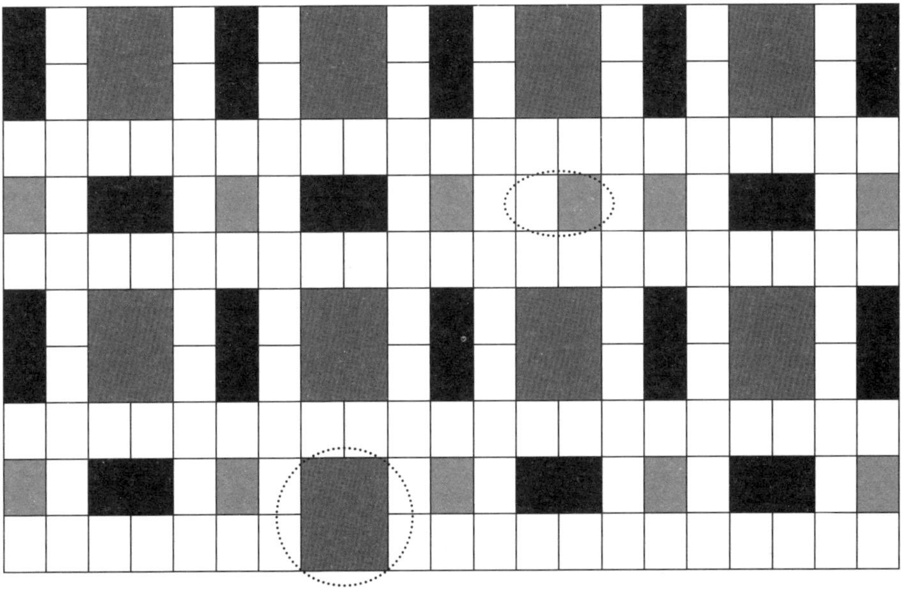

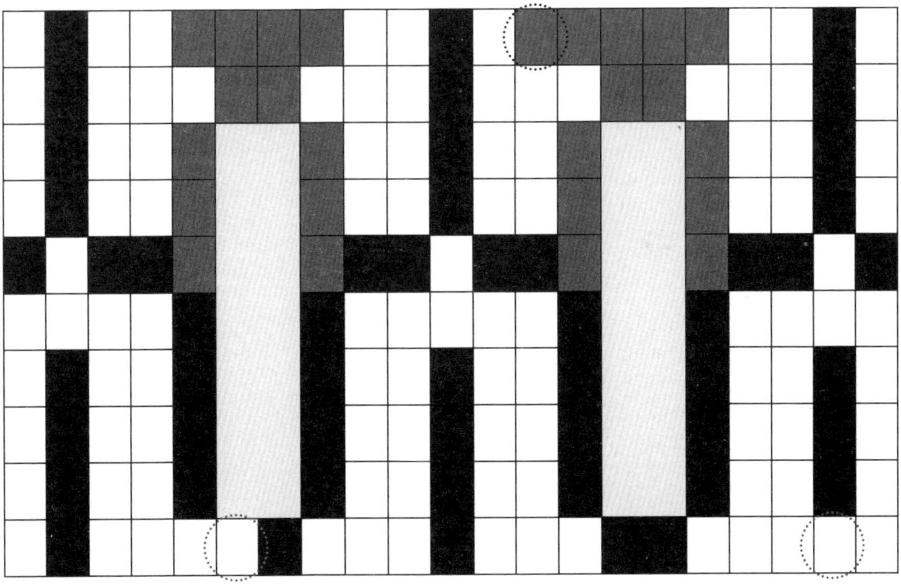

Quizfrage

Was hat sechs Beine, läuft aber nur auf vier Beinen?

Lösung: ein Pferd mit Reiter

Lust auf Modedesign?

Erfinde selbst ein schönes Stoffmuster – mit bunten Farben, Linien, Quadraten, Dreiecken, Kreisen … oder ganz nach Lust und Laune!

BILD & SPIEGELBILD

Zeichne die andere Hälfte des Hauses.
Voll einfach?! Dann stell dir vor,
das Haus steht an einem See und spiegelt sich auch darin:

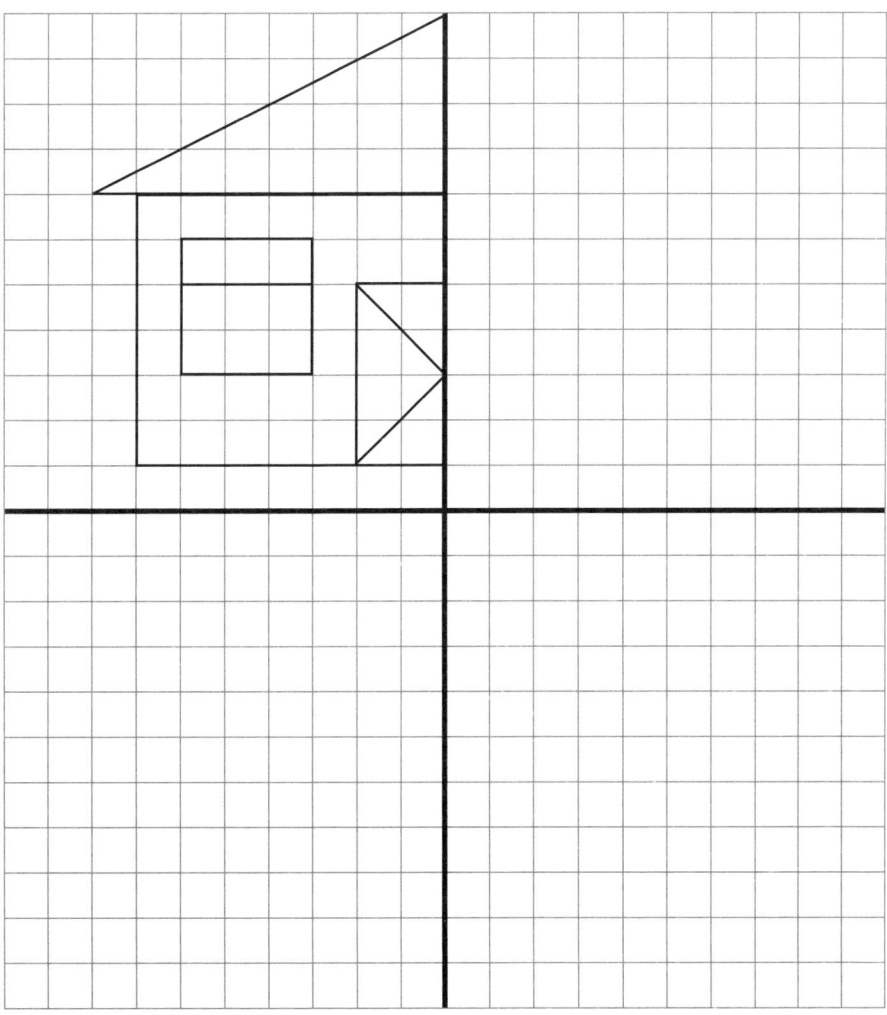

Voll verboten!? Unheimliches Fußwachstum

Dieser Streich ist superwitzig! Alles, was du brauchst, sind Papiertaschentücher (oder Klopapier). So gehts: Rolle einfach zwei dünne Streifen vom Papiertaschentuch fest zusammen.

Stopfe die kleinen Papierwürste heimlich in die Schuhe von Oma, Opa oder jemand anderem aus deiner Familie. Versuche, das Papier so fest wie möglich in die Schuhspitze zu drücken. Wenn derjenige dann seine Schuhe anzieht, wird er denken, seine Füße wären über Nacht gewachsen.

Rechenrunde

Kannst du schon mit Längen rechnen?
Hier ist eine Aufgabe für dich:
Schneide eine Schnur von 1 m Länge in gleich lange Teile. Schreibe auf, wie lang die einzelnen Teile sind.

In zwei Teile: Jedes Teil ist .... lang.
In zehn Teile: Jedes Teil ist .... lang.
In fünf Teile: Jedes Teil ist .... lang.
In vier Teile: Jedes Teil ist .... lang.

Lösung:
In zwei Teile: Jedes Teil ist 50 cm lang.
In zehn Teile: Jedes Teil ist 10 cm lang.
In fünf Teile: Jedes Teil ist 20 cm lang.
In vier Teile: Jedes Teil ist 25 cm lang.

DRACHEN STEIGEN LASSEN

Wer lässt hier welchen Drachen steigen? Zeichne die Drachen-
schnüre ein: Sie müssen schräg verlaufen und dürfen sich nur
einmal überschneiden! Male Drachen und Männchen bunt an.

Das nervt...!

Was hat dich letztes Schuljahr am meisten geärgert? Erinnerst du dich an eine bestimmte Situation? Dann kannst du jetzt mal deinen ganzen Ärger loswerden. Male das Ärgernis oder die nervigste Person hier hin. Kritzle mit deiner hässlichsten Farbe quer über die Zeichnung, und zerreiß die Seite danach in winzig kleine Stücke!

Voll verboten!? Kettengeschichte

Suche dir ein paar Mitspieler. Zusammen spinnt ihr eine voll
verbotene Geschichte! Einer denkt sich den Geschichtenanfang
aus. Die anderen hören genau zu. Nach ein paar Sätzen erzählt
der Nächste weiter. Wie geht eure Geschichte aus?
Es gibt allerdings eine Bedingung! Folgende Wörter müssen
in eurer Geschichte vorkommen:

Furzkissen

Wasserbombe

Mehl

Regenschirm

Geist

Fleckenteufel

Hier hat jemand ordentlich herumgekleckert.
Kannst du den Text trotzdem entziffern?

   Meine Oma fährt im Hühnerstall Motorrad,

 Motorrad, Motorrad.

Meine Oma fährt im Hühnerstall Motorrad.

 Meine Oma ist 'ne ganz moderne Frau.

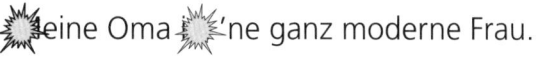 Meine Oma hat im Backenzahn ein Radio,

 ein Radio, ein Radio.

Meine Oma hat im Backenzahn ein Radio.

 Meine Oma ist 'ne ganz moderne Frau.

Meine Oma hat 'ne Glatze mit Geländer,

 Geländer, Geländer.

 Meine Oma hat 'ne Glatze mit Geländer.

Meine Oma ist 'ne ganz moderne Frau.

Lösung von Seite 100:

Meine Oma fährt im Hühnerstall Motorrad,
Motorrad, Motorrad.
Meine Oma fährt im Hühnerstall Motorrad.
Meine Oma ist ´ne ganz moderne Frau.

Meine Oma hat im Backenzahn ein Radio,
ein Radio, ein Radio.
Meine Oma hat im Backenzahn ein Radio.
Meine Oma ist ´ne ganz moderne Frau.

Meine Oma hat ´ne Glatze mit Geländer,
Geländer, Geländer.
Meine Oma hat ´ne Glatze mit Geländer.
Meine Oma ist ´ne ganz moderne Frau.

Der Text gehört zu einem bekannten Kinderlied. Kennst du noch weitere Strophen? Welche verrückten Dinge könnte die moderne Oma noch tun?

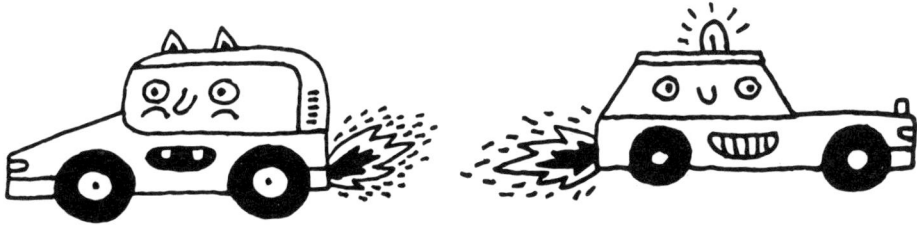

Meine Oma backt im Kühlschrank eine Torte …
Meine Oma spielt in Hollywood ´nen Cowboy …

Meine Oma _____

_____

_____

_____

_____

Mit dem Reisepass auf Reisen

Stelle neue Reisepässe für die Urlauber aus! Der untere Pass ist
deiner. Male ein Bild von dir in das freie Feld.

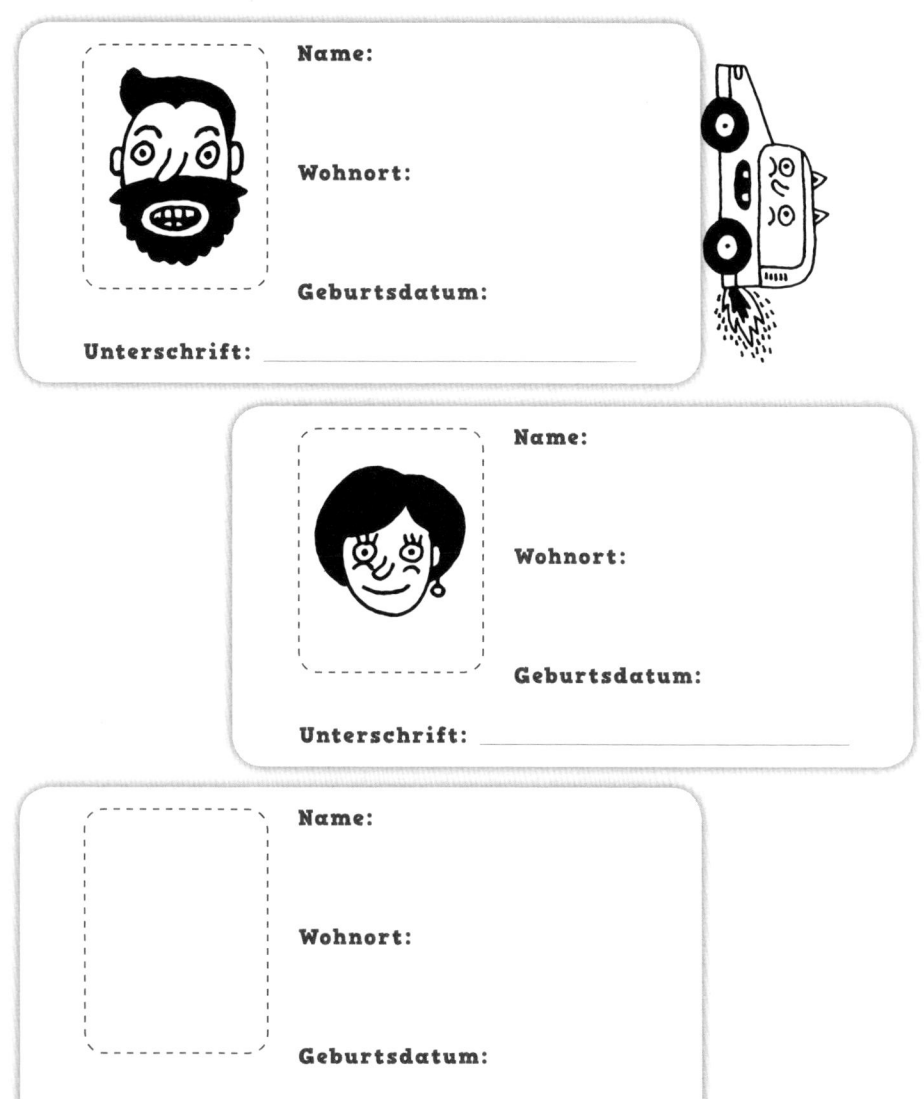

Name:

Wohnort:

Geburtsdatum:

Unterschrift: _____

Name:

Wohnort:

Geburtsdatum:

Unterschrift: _____

Name:

Wohnort:

Geburtsdatum:

Unterschrift: _____

Dem Muster auf der Spur!

Auf die Perlenkette wurden ein paar Steine falsch aufgereiht.
Erkennst du, welche?

Lösung von Seite 103:

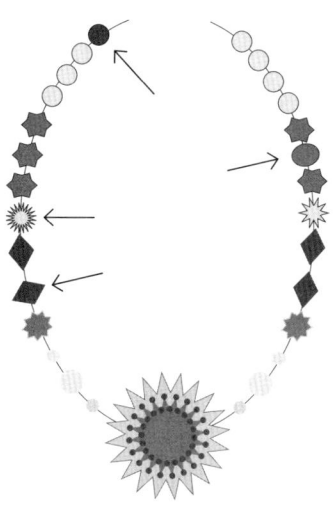

Quizfrage

Kennst du dieses Tier? Es kann je nach Laune seine Farbe wechseln.
Es schleudert seine lange, klebrige Zunge blitzschnell hervor,
um Insekten zu fangen. Seine Füße sehen aus wie Greifzangen.
Seine Augen bewegt es meistens unabhängig voneinander.

Male das Tier hier in den Rahmen.

Lösung: das Chamäleon

Geheime Botschaften

Mit einem Geheimcode kannst du mit Freunden Botschaften austauschen, die außer euch keiner versteht. Die einfachste Verschlüsselung ist, wenn jedem Buchstaben des Alphabets eine Zahl zugeordnet wird.

Dann ist also A = 1, B = 2, C = 3, D = 4, ..., Z = 24.

A =
B =
C =
D =
E =
F =
G =
H =
I =
J =
K =
L =
M =
N =
O =
P =
Q =
R =
S =
T =
U =
V =
W =
X =
Y =
Z =

4 5 20 5 11 20 9 22 1 21 6 7 1 2 5 14

Ergänze den Code ...

... und entschlüssle die geheime Botschaft!

19 9 14 4

19 21 16 5 18

Lösung der Geheimbotschaft: DETEKTIVAUFGABEN SIND SUPER.

Luftige Geburtstagsgrüße

Verbinde die Luftballons mit den passenden Glückwunschkärtchen!

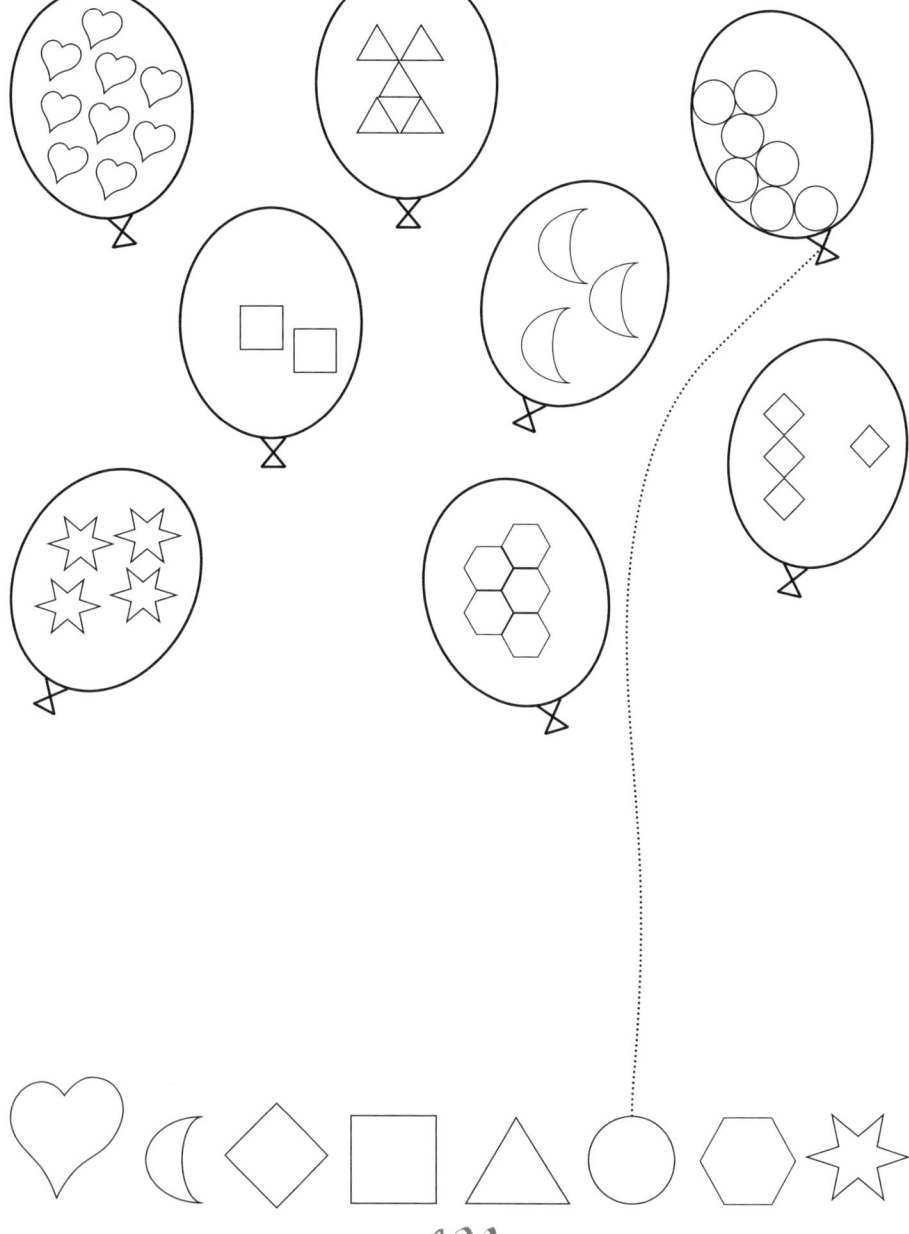

Voll verboten!?

Lust auf einen kleinen Streich?
Streue heimlich etwas Salz auf
die Zahnbürste deiner Eltern oder
Geschwister. Mal sehen, was beim
nächsten Zähneputzen passiert!

Um die Wette gesalzen

Wer findet in zwei Minuten die meisten Wörter mit „Salz"?
Spiele gegen deine Eltern, Freunde oder Geschwister.
Hier ist Platz zum Aufschreiben:

Das leckere L

Welche Leckereien schmecken dir besonders gut?
Bedingung: Sie müssen mit dem Buchstaben **L** anfangen.

L................

L................

L................

L................

L................

L................

L................

L................

L................

Quizfrage

Womit hört die Nacht auf und fängt der Tag an?

Galgenmännchen

Wer das Lösungswort errät, bewahrt das Männchen vor dem Galgen! Hier und auf den Seiten 24 und 157 sind ein paar Vorlagen für eure Galgenmännchen:

A B C D E F G H I J K L M N O P Q R S T U V W X Y Z Ä Ö Ü

A B C D E F G H I J K L M N O P Q R S T U V W X Y Z Ä Ö Ü

DIY-Comic (Teil 1)

Fülle die Sprechblasen, und erfinde eine eigene Minigeschichte!

DIY-Comic (Teil 2)

Voll verboten!? Wir kommen zu spät!!

Lust auf einen kleinen Streich? Dieser funktioniert am besten mit einem jüngeren Bruder oder einer jüngeren Schwester. Wecke die Person an einem Samstagmorgen ganz früh und sage, dass sie zu spät zur Schule kommt. Alle anderen in der Familie müssen mitspielen! Wenn er oder sie dann fertig angezogen zum Frühstück kommt, sitzt ihr alle in euren Schlafanzügen da und löst den Streich auf.

Uhrzeitknobelei

Der kleine Zeiger meiner Uhr steht genau in der Mitte zwischen der 6 und der 7. Wo steht dann der große Zeiger? Welche Uhrzeiten sind möglich?

Ausmalpause

Lösung: Der große Zeiger steht auf der 6: Es kann 6.30 Uhr oder 18.30 Uhr sein.

Den Mustern auf der Spur!

Ergänze die fehlenden Figuren.

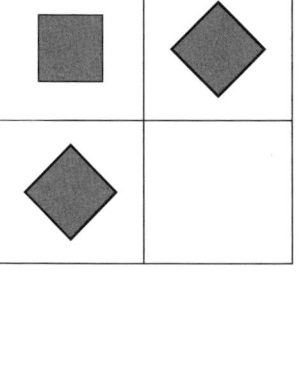

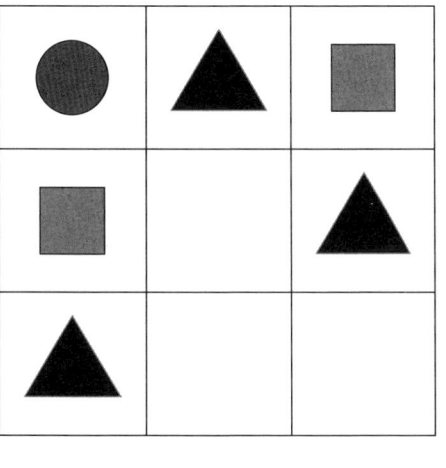

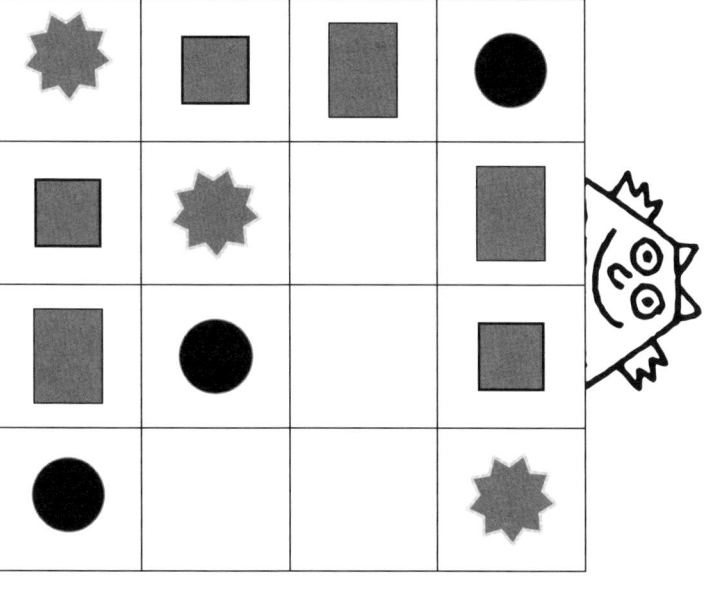

Lösung von Seite 114:

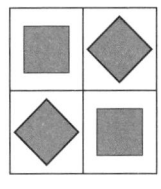 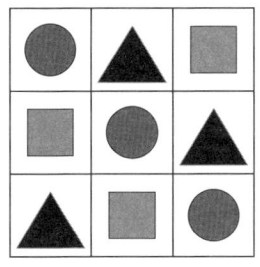 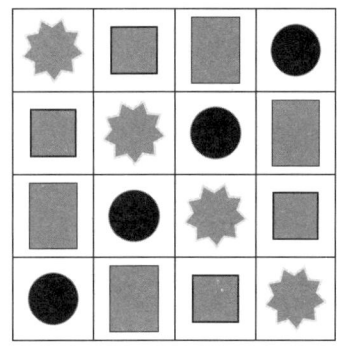

Entspannen & ausmalen

Male das Motiv nach Lust und Laune aus!

STADT – LAND – PUPS

Trage eigene Oberbegriffe in die Kopfzeile ein.

Süßigkeitenversteck

Im Buchstabengitter sind acht Süßigkeiten versteckt! Welche?

S	C	H	O	K	O	L	A	D	E	N	K	E	K	S
U	W	O	S	A	S	D	N	O	J	I	K	W	Y	L
Ä	X	P	B	M	H	A	H	R	W	M	W	N	H	V
B	G	S	A	H	N	E	T	O	R	T	E	J	O	A
O	R	L	X	E	H	A	H	R	W	M	W	N	J	N
N	T	N	B	O	S	A	S	D	N	O	J	O	S	I
B	W	T	R	S	A	N	T	H	T	D	M	X	O	L
O	H	O	N	I	G	W	A	F	F	E	L	W	E	L
N	K	E	H	C	J	K	D	N	Ü	O	G	T	S	E
B	G	Ö	T	T	E	R	S	P	E	I	S	E	Ü	E
F	O	B	F	Z	W	E	Ä	S	Z	D	Ö	U	W	I
G	L	E	B	K	U	C	H	E	N	G	L	G	Ö	S
K	Z	R	D	J	R	R	H	C	B	K	D	A	N	R
Q	Ö	B	E	W	K	O	T	P	R	Q	K	M	Ä	R
N	Z	U	C	K	E	R	W	A	T	T	E	R	T	W

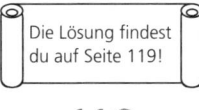

Und was naschst du am liebsten?

Die Lösung findest du auf Seite 119!

117

STADT – LAND – PUPS

Trage eigene Oberbegriffe in die Kopfzeile ein.

S	C	H	O	K	O	L	A	D	E	N	K	E	K	S
U	W	O	S	A	S	D	N	O	J	I	K	W	Y	L
Ä	X	P	B	M	H	A	H	R	W	M	W	N	H	V
B	G	S	A	H	N	E	T	O	R	T	E	J	O	A
O	R	L	X	E	H	A	H	R	W	M	W	N	J	N
N	T	N	B	O	S	A	S	D	N	O	J	O	S	I
B	W	T	R	S	A	N	T	H	T	D	M	X	O	L
O	H	O	N	I	G	W	A	F	F	E	L	W	E	L
N	K	E	H	C	J	K	D	N	Ü	O	G	T	S	E
B	G	Ö	T	T	E	R	S	P	E	I	S	E	Ü	E
F	O	B	F	Z	W	E	Ä	S	Z	D	Ö	U	W	I
G	L	E	B	K	U	C	H	E	N	G	L	G	Ö	S
K	Z	R	D	J	R	R	H	C	B	K	D	A	N	R
Q	Ö	B	E	W	K	O	T	P	R	Q	K	M	Ä	R
N	Z	U	C	K	E	R	W	A	T	T	E	R	T	W

Male noch mehr Süßigkeiten um den Regenbogenmann herum!

STADT – LAND – PUPS

Trage eigene Oberbegriffe in die Kopfzeile ein.

Den Mustern auf der Spur!

Erkennst du das jeweilige Muster?
Dann setze es in den restlichen Kästchen fort.

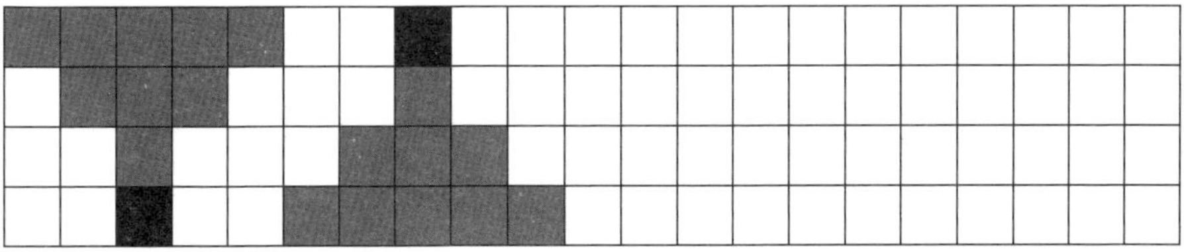

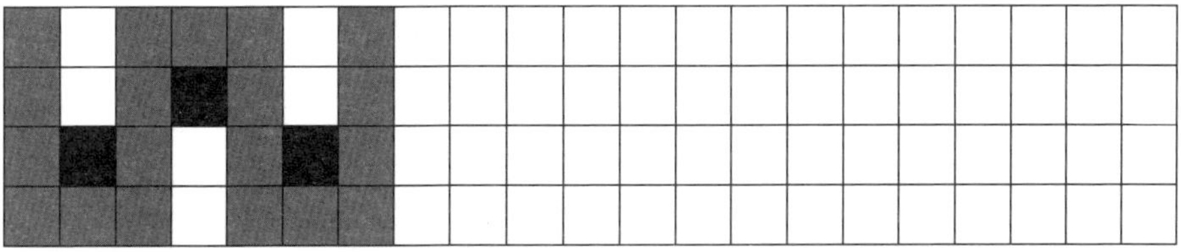

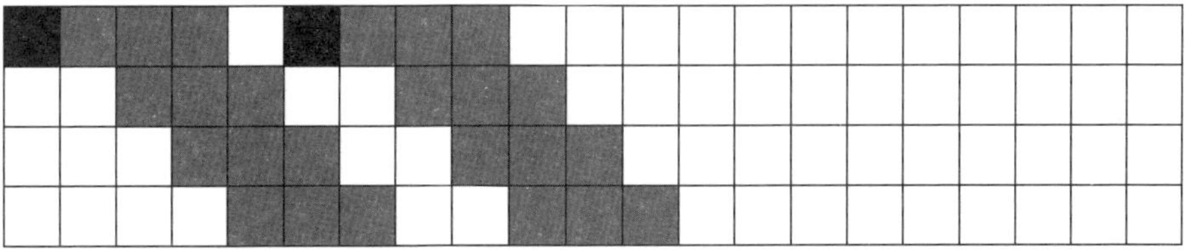

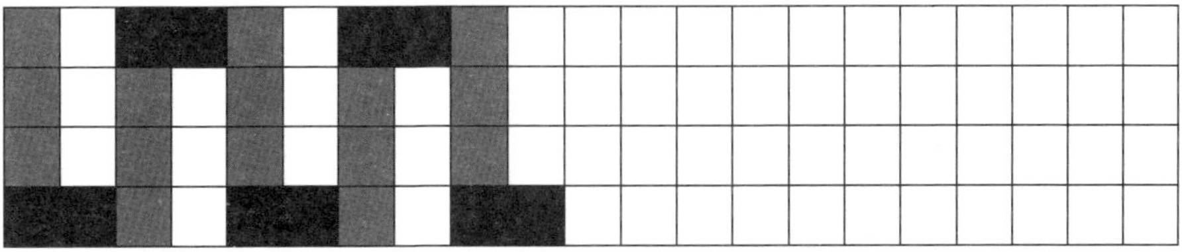

STADT – LAND – PUPS

Trage eigene Oberbegriffe in die Kopfzeile ein.

Wolkenmännchen

Was erkennst du in den Wolken?
Male Augen, Ohren, Nasen, Flügel
oder Beine an die Figuren, die du siehst!

Voll verboten!? Der frechste Comic der Welt

In diesem Comic sind alle frech. Was könnten die Figuren sagen?

Ein Quadrat voller Dreiecke

Rate mal: Wie viele Dreiecke stecken in diesem Quadrat?
Achtung: Es gibt kleine, mittelgroße, große und ganz große!
Auf Seite 127 findest du eine Hilfestellung!

Lösung: In diesem Quadrat stecken insgesamt 44 Dreiecke!

Male das Motiv nach Lust und Laune aus!

Entspannen & ausmalen

Ein Quadrat voller Dreiecke

Hier sind die verschieden großen Dreiecke unterschiedlich eingefärbt! Tipp: Schneide diese vier Dreiecke aus und lege sie in allen denkbaren Positionen in das Quadrat auf Seite 125! Wie oft passen sie?

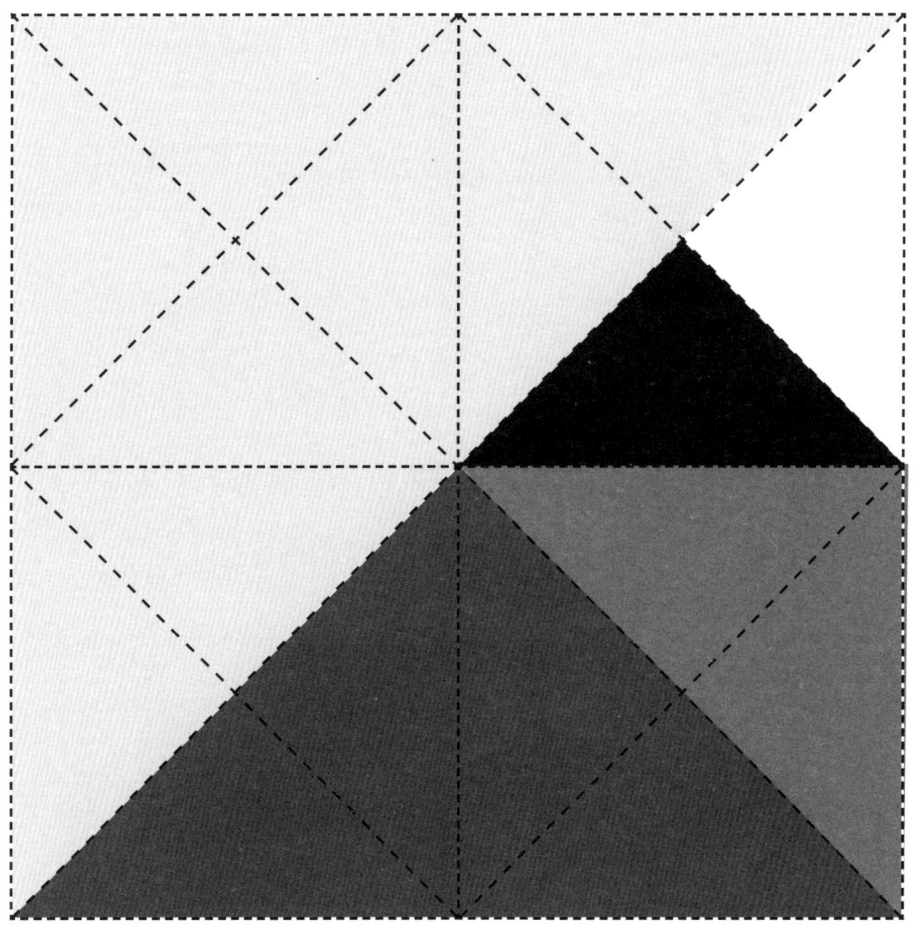

Lösung: In das Quadrat passt das kleine Dreieck 16-mal, das mittelgroße Dreieck auch 16-mal, das große Dreieck 8-mal und das ganz große 4-mal: Insgesamt sind es also 44 Dreiecke!

Genau hingeschaut!

Was haben ein Auto, ein Hai, ein Eis, Feuer, eine Eule und
zwei Mäuse gemeinsam?
In allen Wörtern stecken Doppellaute, nämlich au, ai, ei, eu und äu!

Finde in der Buchstabenschlange alle versteckten Doppellaute und
kreise sie ein:

euueuuuuunnruerrneuuuennueunerneenrenuu

eilcielcieleieiececiiillielccicecilielliieeileieilcielclei

auvoaaauvoauauuuauaovvoooavvauauvuuuao

aiboiaoaipiaiioaaippiaooaippibpiaopiiaiboioiiaio

äuvööäuvöuvuüäöüuäuuäöüäuuüvääuväävau

Tangram – Formen legen

Lust auf noch mehr Formen und Figuren? Dann schneide alle Teile dieses Tangrams aus! Benutze alle sieben Tangramteile, und lege ein Haus, ein Schiff und andere Figuren!

Wie wäre es mit einem rennenden Männchen, einer Windmühle, einem Hasen oder einem Ziegenbock? Zu schwer?!
Dann schau mal auf den Seiten 131, 132 und 133 nach!

Paare finden und verbinden

Verbinde alle Paare mit einer Linie. Achte dabei darauf, dass sich die Linien möglichst nicht überschneiden.

So könnte das rennende Männchen aussehen.

Fang mich doch,
du Eierloch!

Oder auch so?!

TANGRAM – FORMEN LEGEN

Und so eine Windmühle.

Und wer bin ich?
Ich sehe aus wie ein
Ziegenbock, oder?

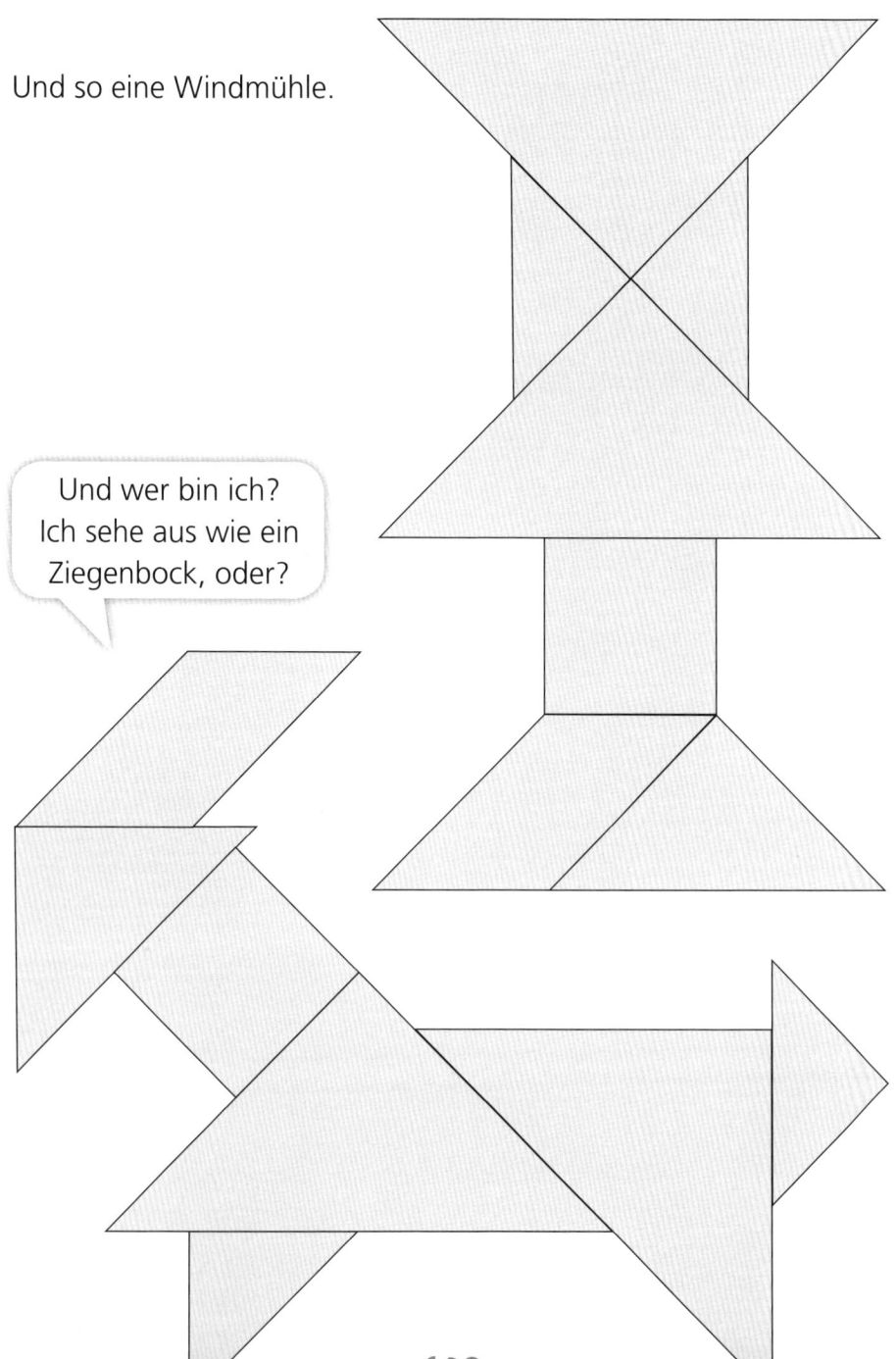

TANGRAM — FORMEN LEGEN

Schwan, Hase, Katze? Wer ist wer?

Knifflige Rechenmauer

Aus der Rechenmauer sind ein paar Steine herausgefallen.
Weißt du, wo sie passen?

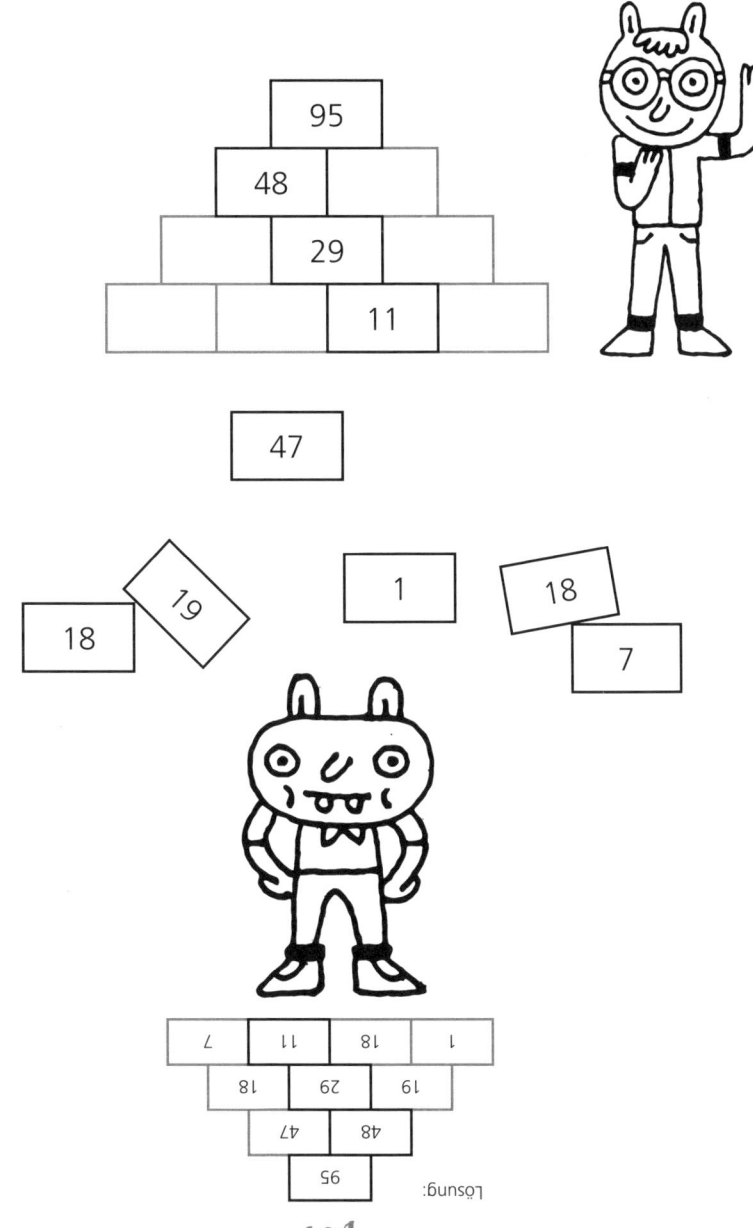

	95	
	48	
	29	
		11

47

18   19   1   18   7

Lösung:

1	18	11	7
	19	29	18
		48	47
		95	

Schäfchen zählen und addieren

Welches Wolkenschaf folgt welchem? Rechne die Aufgaben aus, und finde die richtige Reihenfolge. Die Ergebniszahl einer Aufgabe findest du als erste Zahl im nächsten Schaf.

48 + 5 =

8 · 9 =

21 + 11 =

7 · 3 =

56 : 8 =

53 − 25 =

32 : 4 =

99

72 + 27 =

28 · 2 =

Lösung von Seite 135:

$48 + 5 = 53 \rightarrow 53 - 25 = 28 \rightarrow 28 \cdot 2 = 56 \rightarrow 56 : 8 = 7$
$\rightarrow 7 \cdot 3 = 21 \rightarrow 21 + 11 = 32 \rightarrow 32 : 4 = 8 \rightarrow 8 \cdot 9 = 72$
$\rightarrow 72 + 27 = 99$

Voll verboten!? Wörterschlange

Welche voll verbotenen Wörter stecken in der Wörterschlange?
Schreibe die Wörter mit Artikel unten auf die Linien!

_____

            _____

_____

            _____

_____

DIY-Memorix

Für ein Memorix-Spiel brauchst du möglichst viele Spielkärtchen mit verschiedenen Bildern. Jedes Motiv taucht zweimal auf.
Auf den folgenden Seiten kannst du dein eigenes Memorix-Spiel gestalten! Hier gibt es die ersten Bildpaare zum Ausschneiden!

DIY-Memorix (Rückseite)

Wichtig ist, dass die Spielkärtchen hinten alle gleich aussehen. Denn zum Spielen werden die Kärtchen verdeckt auf dem Tisch verteilt. Du spielst mit einem oder mehreren Mitspielern. Ihr deckt immer abwechselnd zwei Kärtchen auf. Wer die meisten Paare aufdeckt, hat gewonnen.

DIY-Memorix

Hier gibt es immer schon ein Bildchen. Male den dazugehörigen Partner in die freien Kästchen.

DIY-Memorix (Rückseite)

DIY-Memorix

Hier gibt es immer schon ein Bildchen. Male den dazugehörigen
Partner in die freien Kästchen.

DIY-Memorix (Rückseite)

DIY Memorix

Hier gibt es immer schon ein Bildchen. Male den dazugehörigen Partner in die freien Kästchen.

DIY-Memorix (Rückseite)

Voll verboten!? Der Müslistreich

Dieser Streich ist für jemanden, der zum Frühstück gern Müsli oder Cornflakes isst. Fülle eine Müslischale mit Wasser und stelle sie über Nacht ins Gefrierfach. Am nächsten Morgen schüttest du vorsichtig etwas Milch und ein bisschen Müsli oben drauf und stellst dem Müsliesser die Schale hin.

Guten Appetit!

Denksport – Zahlenrätsel

Meine Zahl gehört zur Siebenerreihe. Wenn ich sie verdopple, erhalte ich eine Zahl der Viererreihe. Wenn ich zu dieser Zahl zwei addiere und das Ergebnis durch zehn teile, erhalte ich eine Zahl der Dreierreihe. Wie heißt meine Zahl?

Lösung: Die gesuchte Zahl ist die Vierzehn.

Denksport — Kopfgeometrie

Stell dir ein Rechteck vor. Falte es einmal längs
und einmal quer. Dann klappst du es wieder auf.
Wie viele Flächen sind entstanden, die durch
die Faltlinien begrenzt sind?

Die Lösung findest du auf der nächsten Seite!

Was gehört zusammen?

Verbinde die passenden Begriffe!

Teekessel   summt

Meer   haart

Fliege   krächzt

Angorakatze   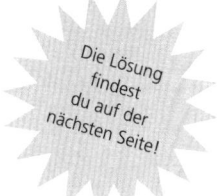   bellt

Frosch   gackert

Huhn   quakt

Hund   pfeift

Krähe   rauscht

Lösung: Teekessel: pfeift, Meer: rauscht, Fliege: summt, Angorakatze: haart, Frosch: quakt, Huhn: gackert, Hund: bellt, Krähe: krächzt

146

Sprichwörter raten

Wie lauten die Sprichwörter? Male die zusammengehörenden Kästchen mit derselben Farbe aus.

Der frühe Vogel ...

Eine Schwalbe ...

... hat Gold im Mund.

Morgenstund ...

... fängt den Wurm.

... macht noch keinen Sommer.

Buchstabenschlange

In dieser Buchstabenschlange haben sich neun Farben versteckt.
Findest du sie?

Male die Schlange unten kunterbunt mit möglichst vielen der oben
gefundenen Farben aus:

Kennst du dich aus? In the house

Bett, Schrank, Lampe … Bestimmt kennst du dich mit Dingen
im Haus aus! Aber weißt du auch, wie sie auf Englisch heißen?
Schreibe die englischen Wörter in die Kästchen, und verbinde die
Bilder mit den passenden verdrehten Wörtern.

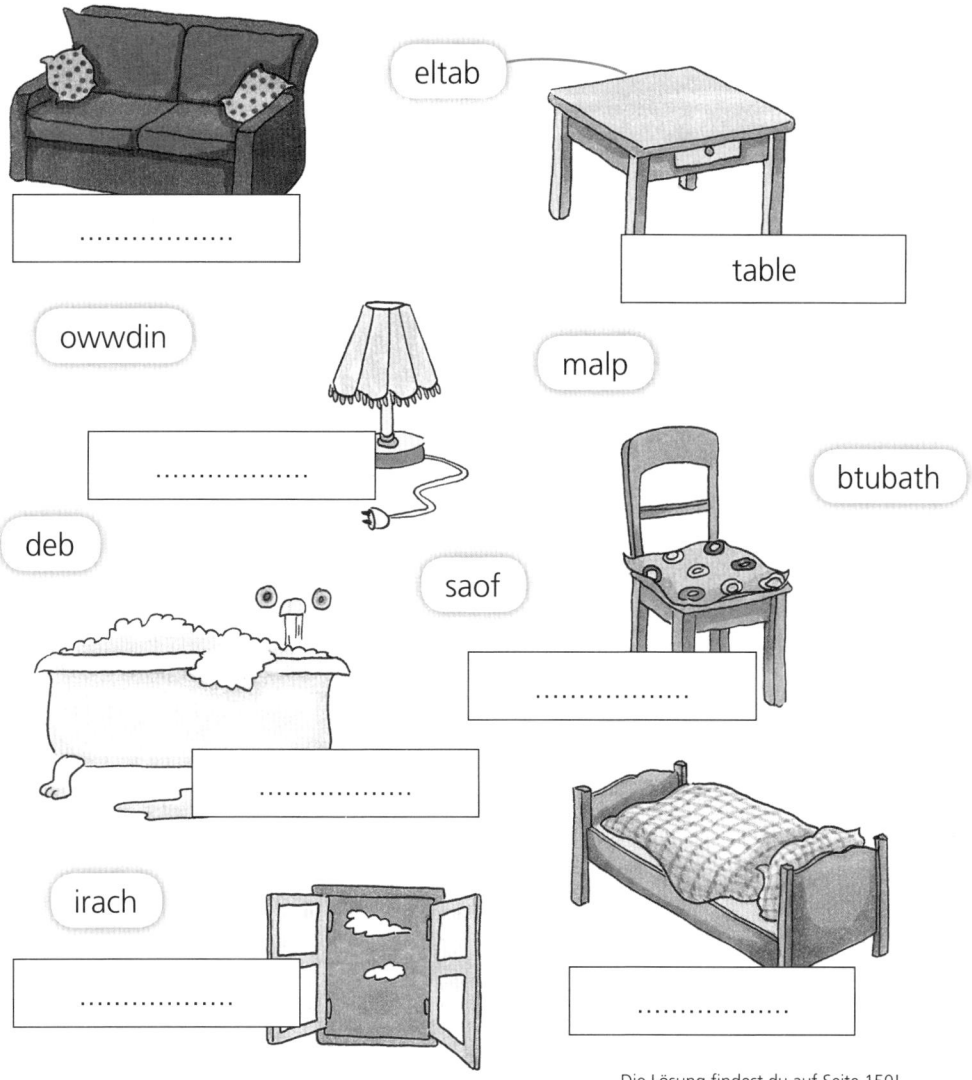

eltab

table

owwdin

malp

btubath

deb

saof

irach

Die Lösung findest du auf Seite 150!

Male das Motiv nach Lust und Laune aus!

Entspannen & ausmalen

Lösung von Seite 149: lamp (Lampe), window (Fenster), bathtub (Badewanne), sofa (Sofa), bed (Bett), table (Tisch), chair (Stuhl)

XXO – und los gehts!?

Lustige Sätze spinnen

Am besten geht das Spiel mit vier Mitspielern. Ihr braucht vier Stifte und vier Blatt Papier. Zuerst schreibt jeder oben auf sein Blatt ein Nomen mit Artikel. Dann wird das Blatt so gefaltet, dass eure Wörter nicht mehr zu sehen sind. Gebt den Zettel weiter. Nun schreibt jeder ein Verb auf, faltet wieder und gibt das Blatt weiter. Danach folgt ein Adjektiv und ganz zum Schluss eine Ortsangabe. Achtung: Beim Spiel dürft ihr nicht sprechen und auch nicht spicken, was die anderen schreiben. Sonst macht es nur halb so viel Spaß!

Der Dinosaurier

saust

affenschnell

in die Suppenschlüssel.

Voll verboten!? Noch mehr Sätze spinnen

Jetzt dürft ihr euch voll verbotene Sätze ausdenken!

Der Katzenpups

rülpst

laut

ins Klo.

Und wie sieht das Ganze deiner Meinung nach aus?

Echt eklig!?

Welche Dinge mit dem Buchstaben **E** findest du ganz **e**cht **e**xtrem
ekelerregend?

E...............................

E...............................

E...............................

E...............................

E...............................

E...............................

E...............................

E...............................

E...............................

E...............................

E...............................

Selbst gezeichnet? Na, klar doch!

Jetzt kommt etwas für fortgeschrittene Künstler: Kannst du ein Gesicht zeichnen? Probiere mal, den Stift dabei nicht abzusetzen, also das Gesicht mit einer einzigen Linie zu zeichnen. Das ist ganz schön kniffelig! Fahre zur Übung die hier vorgezeichnete Linie nach. Auf der Rückseite bist du der Künstler!

Alles aus einem Strich!

Los gehts …

Galgenmännchen

Wer das Lösungswort errät, bewahrt das Männchen vor dem
Galgen! Hier ein paar Vorlagen für eure Galgenmännchen:

A B C D E F G H I J K L M N O P Q R S T U V W X Y Z Ä Ö Ü

A B C D E F G H I J K L M N O P Q R S T U V W X Y Z Ä Ö Ü

Bild und Spiegelbild

Zeichne das Spiegelbild des Männchens auf die rechte Seite.

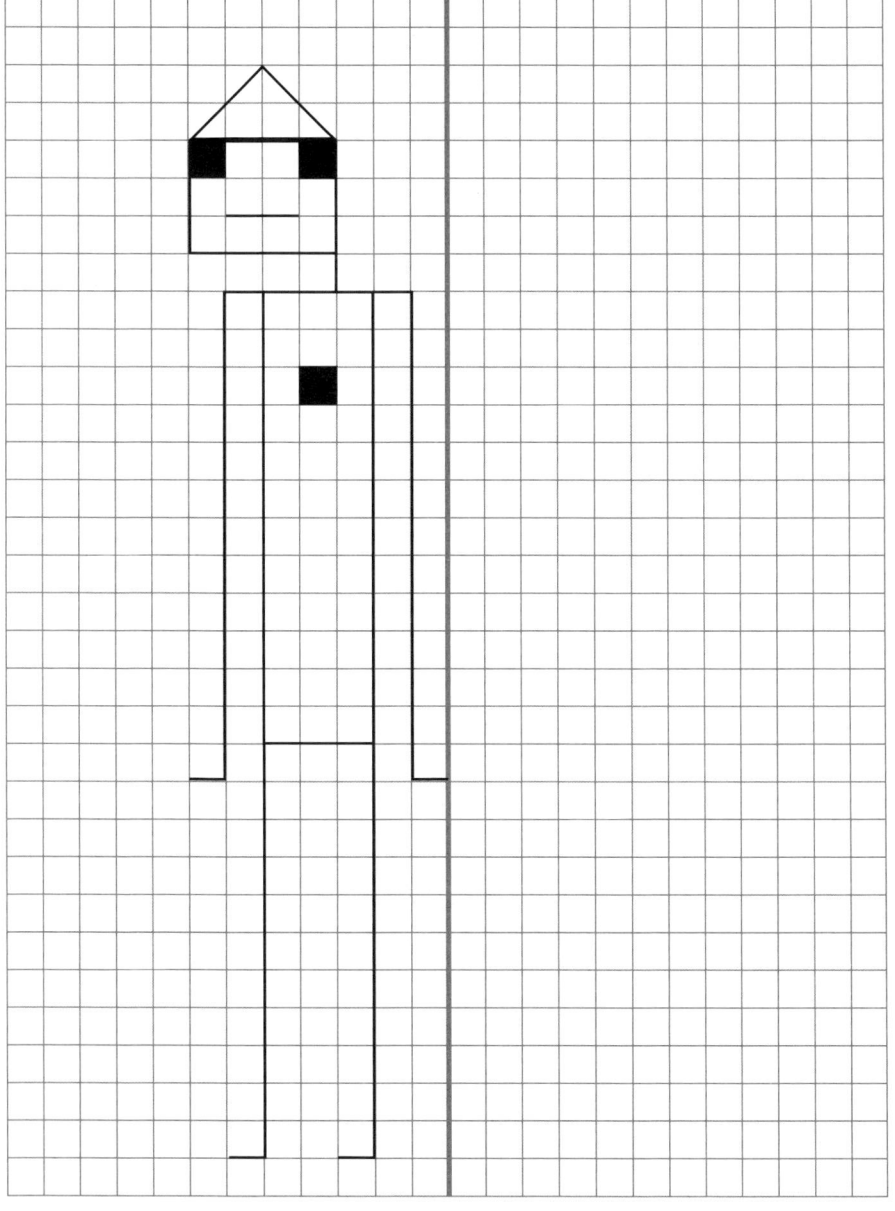

Superheldenfilm – Teil 3

Eines Tages passiert etwas Aufregendes! Was ist das?
Geschieht es bei Tag oder bei Nacht?
Stinkt es, leuchtet es, oder beißt es womöglich?

_____

_____

_____

_____

_____

Jetzt müssen alle Superhelden zusammenhalten! Auch die,
die sich nicht leiden können! Was für einen Plan schmieden sie?
Und was fehlt ihnen dafür noch?

_____

_____

_____

_____

_____

_____

Superheldenfilm – letzter Teil

Hat deine Superheldengeschichte ein Happy End?
Feiern alle zusammen eine Party? Oder ist jemand sehr traurig?

An eine kleine Sache hat am Ende keiner mehr gedacht! Was ist
das? Hat es mit dem Hobby deiner Superheldin zu tun? Oder …

Ende
super,
alles
super!?!